守望者
The Catcher

阅读 你的生活

岁华谈笺录

『铁一号』红楼与戴逸先生

林健 著

中国人民大学出版社
·北京·

戴逸先生（2012 年，西小院）

戴逸先生（2018 年）

1956年人大历史系全体教师在"铁一号"（现为北京张自忠路3号）钟楼前合影。一排右一：林敦奎，右二：李文海，右五：戴逸；二排左二：刘美珍，左三：郑昌淦（明史专家），左五：罗明，左六：王思治（早年研究汉史，后转清史）。照片中的这些老人今天大都不在了。

20世纪80年代"铁一号"钟楼前雪中合影。前排左二：王忍之，左三：林敦奎（作者父亲），左四：戴逸，右二：黄兆群（林甘泉夫人）；后排左一：李文海。

20 世纪 80 年代戴逸先生全家福（后排左一：戴珂，左二：戴琛，左三：戴寅，左四：戴玮）

1972 年作者与戴寅在"铁一号"红楼戴逸先生书房

1984 年戴逸先生访美时与美国学术界交流

1984 年戴逸先生访美留影

戴逸先生与作者（1984 年，纽约曼哈顿）

戴逸先生与作者（2017 年，西小院）

五十年前前戴逸先生写给作者的部分书信

"铁一号"大门

"铁一号"红楼

"铁一号"西小院

"铁一号"红楼戴逸家书房

莫道桑榆晚，为霞尚满天。

——刘禹锡

自　序

此书源于数年前戴逸先生在"铁一号"西小院与我的五次长谈，每次长达三四个小时，谈话内容都是先生对清史的系统阐述和他七十年治史的理念。这些谈话内容，很多都是目前史学界的大问题，更是清史研究中重要的新观点、新概念。所有这些均为戴逸先生首次提出，并未公开于世。这些谈话，我都有记录留档。先生希望我能将这些谈话整理之后形成一部书，而我水平有限，思前想后，只能按照目前的这种写法。我希望此书不是纯学术性的，而是可读性强的，能够引发社会上的年轻人对中国历史的兴趣。

本书第一部分着重介绍了戴逸先生的家乡和其在北京的研究环境，其中的想法是给读者展现出一位大学问家与社会环境之间的关系，而从我个人的视角描述先生的若干生活细节，则是希望读者了解，一位大学者高尚的人品是超越学问之上的。

过去十几年来，社会上报纸杂志介绍戴逸先生的文章很多，而真正介绍先生学术思想的则较少，即使有一两篇文章，也仅仅限于很窄的范围内。其中的困难是，介绍或阐述先生的学术精华，不仅要读完先生的所有著作和文章，还要对先生一生研究的领域有基本的了解，同时要对史学界过去百年来的清史研究（包括世界范围内对我国清史的研究）有广泛了解，如果不了解这些，就很难了解戴逸先生在史学界的地位。我学识有限，只能尽力为之。在写作过程中，凡是社会上已经介绍过先生的内容均不再写。此外，本书篇幅有限，只能从先生七十年的论著中挑出三部经典来阐述先生的治史思想与理念。

本书第二部分引述的三十六封信是具体案例，从信中可以看出先生教书育人的脉络与方式，也可以看出先生对于中国历史理解的深度与厚度，即使是在 20 世纪 70 年代初那个艰难时期，先生仍然在育人，虽然当时他的学生只有一个。

先生治史七十年，著述甚多，其精华是什么？

第三部分通过《一六八九年的中俄尼布楚条约》，详细介绍了戴逸先生在清史研究领域的地位与贡献。

第四部分通过《18 世纪的中国与世界》，介绍了戴逸先生从世界历史的视角分析清朝历史在世界历史上的地位，并且提出了一系列的问题。比如：中国两千年来农业定居社会与游牧民族之间的斗争在清朝时期结束的原因和后果是什么？这个课题是先生首次提出的，并在本书中首次披露，将直接影响到未来数十年的清史研究。在自然科学中，能够发现一个因子就是惊天动地的大事；在社会科学中，能够在几百年历史中发现一个重大课题同样如此。又比如：近代民族国家的定义是什么？近代国家的概念是怎样形成的？这些问题不仅在中国史学界是重要课题，在世界近代史范围内也同样重要。现在各国不断出现的领土争端都与此有关。

第五部分通过我了解的清史纂修工程，介绍了先生如何在耄耋之年仍在全国范围内组织起两千多位历史专家学者的庞大队伍，耗费近二十年之力，完成了中国百年来的一次重大文化工程。这一工程将直接影响到未来几百年中国的学术和文化，其价值和意义恐怕要过很长时间世人才会了解。戴逸先生在这一大型文化工程中担任总编纂，无疑起到了关键性的作用。在中国历史上，《史记》《汉书》《资治通鉴》等史书是如何写成的这类问题，一直引发后人的好奇和探讨，而人们所依托的资料却少之又少。本书所述的清史纂修工程的细节，则可以成为留给后人的真实记录。

本书的价值还在于记录了戴逸先生阐述的大量史论，其中涉及历史理论、历史哲学、社会学、统计学、文字学、边疆学、世界史中的比较学科等。从更广泛的意义上说，先生或是中国百年来少有的大学问家（清史纂修大型文化工程足以证明）。书中所论对今天与未来的世界也会有直接的意义。

另外，书中所引书信，为方便阅读，按通行规范做了改正，其中校正字加〈〉表示，补字加［］表示，衍字加｛｝表示。

我父亲在世时，对本书提出过非常多的修改意见，他曾是戴逸先生的同行、同事和挚友。我的好友王磊亦对本书提出了很多建议，本书的书名以及书中的所有标题皆为王磊所拟。戴寅、戴琛也对本书提出过各种建议。北京十月文艺出版社副总编辑胡晓舟在本书撰写过程中也提出过很多建议。中国人民大学清史研究所黄爱平教授、中国人民大学出版社王琬莹编辑为本书出版付出了大量精力。在此，一一表示诚挚感谢。

目　　录

第五部分　我所知道的清史纂修工程的细枝末节

第一部分

我那时成了先生唯一的学生

跑回北京，戴逸为我做了碗汤

　　1970 年夏天，我不足 16 岁，刚到黑龙江生产建设兵团不满一年，因为实在想家，就从黑龙江抚远地区"八十一公里"之处与戴寅商量回北京探亲。对于两个智力未完全发育成熟的大孩子而言，根本就说不上有什么周全计划。原本我们打算一起走，怎么走都商量好了。后来在宿舍大炕上的油灯下细细盘算一路上需要多少盘缠的时候，才发现没有足够的钱买两个人的火车票。最后只好商定我先走一步，戴寅弄到钱以后再走。一路上送我的人是戴寅和戴琛两兄弟。我们坐的卡车是戴琛悄悄安排的。戴琛善交际，人缘好，在加工连认识很多卡车连的人。一位来自哈尔滨的司机经戴琛私下一问，答应带我去佳木斯火车站。乘卡车是走出北大荒湿地的唯一途径。戴寅和戴琛送我走之前，将他们身上能够找到的所有的钱都给了我。

　　买了火车票，身上所剩无几，一路上饥肠辘辘，到北京火车站时，身上只剩下一毛五分钱。那一点钱，刚好够乘坐公共汽车从火车站到东四十条的车票，外加一根小豆冰棍。

　　走出北京站之际，我已无家可归。父亲就职的中国人民大学已被解散了，所有教师都被下放到江西干校打石头、盖房子、种地。母亲从北大医院被派到甘肃最荒凉的地方行医。妹妹还小，没有去处，送到福州大姑家里寄住。我唯一能去的地方就是戴寅家。因为在我自幼所住的大院里，戴逸先生是我从小最尊敬和熟悉的长辈，他是戴寅和戴琛的父亲，更是我当时在北京唯一能够投靠的人。

当时戴逸先生还在北京。我那时懵懵懂懂，并不知道戴逸先生的处境非常糟糕，已无自由，马上也要被送往江西干校去养猪了。

先生见到我时吓了一跳："你怎么回来的？一路还好？"

"饿了两天。"

"马上吃饭。"戴逸先生特地为我下厨做了一碗高汤。先生烹饪的手艺难以恭维，可那一顿饭是我一生的记忆里享受到的最好的一餐，完全可与传说中的"珍珠翡翠白玉汤"媲美。

在戴寅家住下以后，我已身无分文。戴逸先生供我食宿，我不敢再向他要去江西看望家父的路费，便偷偷跑到离家不远的东四一家典当铺将手中一块手表拿去换钱。店铺里的人看我小小年纪，衣衫不整，手中却有一块价值不菲的瑞士原装梅花牌手表。那伙计两眼一瞪，马上断定是我偷的，将手表扣下。"如果真是你的，叫你家大人来赎。"看到那人凶恶的神态，我夺门而逃。无奈之下，只好又回到"铁一号"，将事情原委告诉戴逸先生。先生又吓了一跳，拉着我赶快去了当铺，好说歹说将手表赎回。店铺里的伙计在我们出门时的那种轻蔑神态我一生难忘，他说的一句话我至今仍然记忆犹新："这年头读书人怎么一个个穷到卖家当了。"

戴逸先生将我的手表赎回来以后，一声叹息，什么也没说。到了晚上，在昏黄的灯光下，他详细问我北大荒的情况。怎么说呢？现在回想起来，我们去北大荒的时候年纪都不过十五六岁，当时以为只是出门一趟，在那里待一段时间还会回到北京。古人出关时为后人留下的名句"马后桃花马前雪，出关争得不回头"，可见古人出关时的依依不舍。没承想，到 20 世纪 60 年代末轮到我们出关时，却没有回过头。记得离开北京火车站之际，天色阴沉，火车站里男女老少一片恸哭声。送别孩子的大人们都知道我们这些孩子将会面临什么，可坐在火车里的孩子们却兴高采烈，以为是出一趟远门，去去就回，激动万分。到了东北才知道完全不是那么回事。我们当时所去的地方，是不见人烟的湿地。在那里，我们用了一年的时间，盖起几栋草泥房子。那几栋房子估计是这片东北荒原上千年以来人类第一次搭建的居住地。因为我们，那里才第一次有了人气。不过，几十年以后的人又有谁会知道，那些草泥房子居然是一群城市里来的十五六岁的孩子们砍下大树，锯成粗大房梁，混合着草泥糊里糊涂盖起来的？又有谁知道，在那些房子里每一间都住了十六个人，十六个年纪都不超过十七岁的少年男女。他们所有的美梦与幻想，他们对于未来世界的展望，都是从那乱哄哄的大炕上萌发的。油灯、大炕、爬满跳蚤的被褥就是我们的家。就连那里呈现出的灯火的颜色与以前都不一样。有人气的地方都有烟火，不过这里的烟火不是城市的烟火，不是 20 世纪的烟火，而像是几百年前的烟火，即便是城市中带来的气味，一旦到了这里就会被荒野炊烟淹没。

戴逸先生听完之后，沉默良久，最后只说了一句话："你们这种年龄应该还是读书的年龄。"然后，他交给我一个信封，里面有149块钱，那是先生一个月的工资。"没有钱，你要告诉我，不能随便拿东西去典当。"先生又叮嘱了我一句。

149块钱在当时是一笔巨款。20世纪70年代初期，一般市民吃的白面是一毛八分五一斤，普通带鱼两毛五分一斤，带皮去骨猪肉七毛一分一斤、大米一毛四分一斤。那时45块钱就可以养活一家四口一个月，几百块钱就可以在胡同里买一栋像样的房子。我从来没有见过那么多钱，看到先生一下子给我那么多钱愣住了。当时我也不懂事，居然没有考虑到先生身陷困境之际，却将身上所有的钱都给了我，先生一家怎么办。当然，我也不知道该怎么花这笔钱。结果到了南方以后，稀里糊涂高高兴兴地把钱花光了。

西方哲学家黑格尔曾经说过：仆人眼里无英雄。我那时候恰是如此。戴逸先生当时39岁，却已是整个学术界一颗闪亮的新星。早在1951年，戴逸先生25岁的时候，就写过一部著作——《中国抗战演义》。这部书在广播电台播出以后，轰动一时。可能是因为20世纪50年代的人们了解世界大多只能通过收音机。想想看，现在的人在25岁年龄段的时候，大多刚刚入世，手握手机，打着游戏，面对世界，一片茫然。戴逸先生在这个年龄却已经走到大学讲台上授课。那是一幅不对称的场景，教室里的学生几乎都与老师年纪相仿，有几位学生甚至比老师年龄还大，台上是"小"老师，台下是"大"学生。那些学生后来有的做了高官，有的当上了大学校长，也有一些成了史学界名家。不过，先生在授课过程中遇到的更大麻烦是，手头没有一本像样的教科书。20世纪50年代早期，整个史学界和各大学中几乎都没有按照现代史观阐述历史的书籍可供参考。当时有名的历史教科书中只有翦伯赞、郭沫若、范文澜等人的著作，但是他们的书大都是上古史或通史，中国近代史则鲜有人写，市面上仅能见到范文澜的《中国近代史》和胡绳的《帝国主义与中国政治》。因此，像北京大学、清华大学那些学校所用的教科书都是以前的老书。而且，在北京、上海等一流大学的人文学科中，新成立的中国人民大学不如北京大学、清华大学那样名家汇集。评估一所大学最重要的标志之一是大学中是否有在学术界有重大影响的名家。怎么办？戴逸先生索性自己动手，穷两年之力，在29岁的时候，写出《中国近代史稿》。[①]《史稿》一出，惊动学界，引起中央的重视，在社会上也引起巨大反响，教育部直接将《史稿》指定为全国高等学校的教科书。戴寅后来告诉我，他小时候，可能因为那本书的稿费多，家里富裕了一两年，吃得好些，碗里沾腥，能吃上肉。我幼年时在戴寅家经常吃到味道鲜美的馄饨饺子可能都与此有关。我们当时不知道，戴逸先生与胡华先生编写的另外一部书热卖，所获稿费更多。不过，他们将那些稿费买了一架飞机捐给了抗美援朝。

自此以后，戴逸先生的思维与文采受到中央的重视。尤其是当时在中央政策研究室与田家英一起工作的胡绳特别看重戴逸，经常找他讨论历史问题。戴逸因参与《中国历史小丛书》的编纂而结识了当时的北京市副市长、历史学家吴晗。吴晗赏识他的才华，对他格外器重，每次开会相见时，必起身拱手而拜。中国人民大学首任校长吴玉章更是欣赏戴逸先生的文笔，点名请他担任学术秘书。60年代初期刚从南京大学调到中国人民大学的党委书记郭影秋，原来在云南省当省长，后来要求到学校工作，"文革"开始时任北京市委书记，因为与江青一伙对立，之后被撤了，他到学校后第一个要见的是戴逸。"文革"前夕，中宣部调戴逸、龚育之、邢贲思、林甘泉组成写作班子，时称中宣部"四才子"。60年代中期，戴逸先生执笔的《论清官》在"人民日报"上一经刊出，名噪一时。当时的文化部副部长周扬在一次大会上特地找到戴逸，问："你是怎么想出来的，写得好，真好！"而这篇文章恰与姚文元等人的文章针锋相对，以至于后来招致了狂风骤雨般的批判。

"铁一号"红楼·常熟·北京

记忆中，在我五岁的时候，我家从鸦儿胡同的平房搬到了"铁一号"的红楼。那是一个下雪天，父亲拉着我的手走下楼，戴逸先生拉着戴寅的手在楼下等。戴逸先生对我和戴寅说："你们今天一起去幼儿园，以后一起长大，一生一世要相互帮助。"雪地里，两个傻乎乎的小男孩就这样认识了，一起长大，一起经历了天南海北各种奇事，数十年之后，回到红楼里，仍然在一起聊天写文章。

"铁一号"是我们自幼生活的地方，现在是北京张自忠路 3 号院。百年前，这里叫铁狮子胡同。对于这条胡同，我曾在《康熙遗诏 1722》（安徽文艺出版社，2015 年）中描述过：

> 明代末年一直到民国时期，几乎所有历史书中记载的重要人物都出现在这一条胡同中。这里是伟大历史的源头，是一切偶然事件的起点：明朝末年，这里是崇祯皇帝老丈人田贵妃之父田畹住过的地方。田畹就是在这里招待吴三桂。吴三桂就是在这里认识了陈圆圆。陈圆圆的舞姿夺走了吴三桂的魂。三百年前，惊天动地的"冲

冠一怒为红颜"就是从这里开始的。到了清朝,这一条街更不是一般人能够随便走动的地方。那个时候,这里是皇亲国戚才能够住的地方。这里以前是乾隆皇帝五弟和亲王弘昼的王府。往西走是和敬公主府的院子。清朝末年,这里是总理海军事务的海军衙门,指挥甲午海战的中枢机构就在此;甲午战争以后,海军没了,这里变成了清朝的陆军部;到了民国初年,袁世凯与孙中山国事会议就是在一进大门的钟楼里面举行的;而孙中山就是在这条胡同的西口和敬公主府的一个院落中去世的。

铁狮子胡同,就是一条这么传奇的胡同。三百多年的历史中,这么多偶然发生和必然发生的事情都凝聚在这条胡同里。历史上的那些大人物是怎么走进这条胡同,又是怎么走出这条胡同的,谁也不知道,但这些人物的传说和精神仍然烙印在这里,人们至今仿佛仍能感觉到他们的存在。

铁狮子胡同有一种气氛,这种气氛将住在里面的人团团围住,让他们不知不觉地感受着以往几百年的气息,外界的风风雨雨似乎都与他们无关。住在这里的人很多都是社会上的名人,被历史下定论的名人。其中令人印象最深的有中国古代史专家尚钺、党史专家胡华、《红楼梦》专家冯其庸、文学评论家唐弢。在"铁一号"隔壁院中有中国著名戏剧家欧阳予倩、第一代话剧导演孙维世、第一代剧作家曹禺、戏剧教育家沙可夫、著名演员金山和童超等。他们的子女很多都是我们府学胡同小学（七百年前文天祥被囚禁之地）的同学。孙维世的女儿孙小兰就是我们小学同学，她天生丽质，性格活泼，经常同我们一群男孩子混在一起玩耍。当时我们不知道，她母亲孙维世是周恩来的养女，更是北京出了名的话剧导演。我们"铁一号"的大院里也有四海闻名的"右派"、前清两江总督后代、轰动一时的作家，以及30年代与鲁迅打过擂台的文人。那时在我看来，居住在这里的都是一些奇奇怪怪的人，他们与大门外面来来往往的人都不大一样。他们永远在谈论一些稀奇古怪的事情，比如四维空间、灵魂出窍。曹雪芹的烹饪、泰陵隆恩殿中的传说、天上落下的雨、钟楼下残留的雪、花园中吹落的花，以及红楼里一百六十五户人家中的灯光都是他们聊天的背景。这里的空气中弥漫的是魏晋名士之风，这里的砖瓦中藏着的是唐宋华丽之彩。那些聊天的人，个个都像是从千年隧道中刚刚走出来的，大梦方醒，一个个有说不完的故事。

这时候总是时不时蹿出一些孩子，带着好奇的眼神，其中就有我们这几个傻乎乎的孩子。我们生活在历史之中，却又浑然不知地被历史潮流裹挟着往前走。

这里也是戴逸先生生活了几十年的地方。他的学术生涯也是从"铁一号"开始的。在这个院落里，戴逸先生用几十年时间，写出一系列历史著作，培养出一批批研究清史的人才。清史研究日益受到重视，中国人民大学清史研究所成为全国清史研究重镇，在全国上百所大学中首屈一指，成为学校的一块闪亮招牌。[2]这块招牌完全可以与世界上任何一家清史研究单位媲美。国内研究清史的人纷纷到这里请教交流，甚至西方史学界研究清史的专家们也要到这里访问。

几十年之后，我们从世界不同角落又回到了张自忠路的"铁一号"红楼里，接着聊天。茶是新茶，房子则还是几十年前的老房子。屋子里的布置几乎没有变化，有变化的是我们头发都已渐白。我们仍然像以前一样，彻夜长聊，兴高采烈地回忆过去的事情，一起追寻各家族的百年根源。红楼这一间屋子里充满了故事，以至于周围的人都很好奇，问：你们一天到晚在聊什么？世间真有那么多的事情聊不完？

江苏常熟是我们经常聊起的话题之一，那里是中国的富庶之地，水土养人，自古以来文人辈出。戴逸先生就是从那片土地中走出来的。

给我印象最深的是，戴寅祖父的家就是明末清初钱谦益的房子。戴寅娓娓道来之际，桌上的灯忽明忽暗。我听了之后感慨万千，脑子里幻想着常熟一带的唐桂宋梅、张旭洗砚井。几百年前，在常熟一带那些古老院落里，出现过数不清的风流之士，出现过惊艳绝世的艺妓。戴家所居之处，或许三百年前的雨季中，柳如是就是在这里弹琴；或许三百年前的二月天，清兵攻城时，柳如是就是在这里劝她的夫君出城抗敌；同样在这里，柳如是写下了传世诗篇。常熟城究竟是什么样的风水宝地？大书法家张照曾经在这里寺庙的墙壁上写过字；明朝末年东林党叶向高为了仕途，曾经在此托过梦；柳如是在清军闯入江南时曾经在寺庙中躲藏；章太炎曾经在寺庙中上过香。历史中，不变的还是故事本身和它背后的主题。每逢战乱与灾害之际，寺庙中的香火尤其兴旺，不知道现在寺庙中的香火是否依然兴旺？

三十年前读了中国现代著名史学家陈寅恪写的《柳如是别传》，才知道柳如是是明末清初秦淮"八艳"之一。柳如是才情绝伦，令当时许多须眉低首失色，其一生历经兴亡与离乱，堪称史上少有的奇女子。陈寅恪一生只写了数部书，《柳如是别传》是他耗费十年工夫所著最后一部。他为什么要写《柳如是别传》？他说是因为"著书唯剩颂红妆"，或许，他是通过写此书宣扬"民族独立之精神"。

现代人对于柳如是的了解不多。而在三百年前，柳如是的名气极大，一是因为她美艳绝代，二是因为她才气过人。到了人们开始着迷三百年前的故事的时候，到了人们知道柳如是的时候，到了人们想从柳如是的名字赚钱的时候，那一栋房子已经被铲掉，就如同其他一些历史建筑一样，彻底消失在地平线上。

两年前，在"铁一号"西小院的一次聊天中，我禁不住好奇，特地问戴逸先生，柳如是曾经住过的房子是什么样。先生说："石头砌的，现在看不到了，拆了。"先生又补充了一句："那里后来叫大仙楼。"

红楼中，除了茶，还有酒。当我们开始喝酒的时候，戴琛从另外一个角度描述他幼年在常熟住的场景：小时候，他祖母经常拉着他去庙里拜神。20世纪50年代，常熟城里到处都是大大小小的庙宇，进庙上香是中国人几千年以来的风俗，也是人们自幼接受礼教文化的地方。戴琛跟在祖母身后走遍了常熟城里的庙宇。想想看，一个三四岁的小孩子，就被老人拉着进庙，跨入门槛，见到的都是各种身形高大的神仙，有的慈眉善面，有的张牙舞爪。每次进到庙里，老人就会循循教导：以后长大了，不能做坏事，一旦做了坏事，看见了？庙里的神仙就会来抓你。中国自古以来的人文道德教育就是从这里开始的。

50年代的常熟县城还有一个特点，那就是县城中到处都是茶馆戏院。戴琮告诉我："上海、杭州、苏州、无锡的各类剧团常常光顾这座小城，爷爷经常和政协的一些老友到剧院看戏，我那时小，爷爷走到哪里都带着我一起去。其实，那个时代的戏曲就是学校以外的教科书，有影响力的大多为劝诫世人遵循纲常伦理、敬学崇德、惩恶扬善的剧目。那种大悲大喜，最后以大团圆结局的戏最受观众喜爱。我看过不知多少戏，但由于年纪太小，现在很难记得起来了，但还能想得起剧中情节的几个片段。一个大官到监狱探监，为一个好女人洗刷了冤屈；一个母亲拿着棍子责打不孝的儿子，后来儿子发奋读书，中了状元；一个坏人在公堂上拔出尚方宝剑陷害好人，可拔出来的却是把匕首，原来宝剑被一个聪明漂亮的女人事先换掉了。记得看到这几个地方，观众反应强烈，场内像沸腾了一样，掌声和叫好声不断，我也禁不住手舞足蹈起来，那种愉悦的情绪往往要持续好几天。现在才知道，这三个场面分别是《玉堂春》《三娘教子》《望江亭》的情节。可以这么说，《三娘教子》这个戏半个世纪以前就在我幼小的心灵里埋下了一颗种子。2007年，杨晓云在武汉的梅派专场演了折子戏《三娘教子》，我在台下聚精会神地看戏，王春娥的守节抚孤，老薛保的肝胆相照，小倚哥的弃恶向学，浓缩在四十分钟的折子戏里，经典的唱腔，优美的旋律，古朴的念白，讲述了一段非常感人的故事，深深打动了观众们。同时，我又产生了一个疑问：另外半出戏究竟是怎么演的？这个戏最后的结局是什么样的呢？《三娘教子》原是京剧《双官诰》其中的一个折子。《双官诰》流传很广，各个剧种都演这个戏。"

或许，戴琛就是因为幼年时有那种环境熏陶，长大以后才一直对中国传统剧目有着难以忘怀的执着，以至于现在在京城里成了京剧票友中的大名家。他的嗓音可谓一绝。每次听到他的唱腔，我都会泪流满面，听上三遍。令我好奇的是，一般专业戏曲演员每天都要练嗓子，戴琛则从来不练，作为超级票友，只要他站到台上，就能一下子将音域提到"G"调，他是怎么做到的呢？戴琛说："与生俱来。"对于近百年来的京剧历史，戴琛更是了如指掌，像是百年前领过御赐黄马褂的谭鑫培，或是唱过《四郎探母》的梅兰芳，至于20世纪四五十年代的京剧名家马连良、谭富英、奚啸伯，后来的马长礼、谭元寿、杜近芳，还有80年代以后的孙越、耿其昌、李维康，这些名字在戴琛口中都是如数家珍娓娓道来。他不止一次说过，"唱出特色，成为流派，光靠功夫是不行的，京剧艺术更需要的是天赋，是遗传基因。马连良的脑腔共鸣，裘盛戎的脑后音，那是天生的声腔结构形成的，后天努力根本学不来。嗓音圆润，韵味悠长，做派潇洒，一般人耗费一生一世的苦练也不如那些名角轻松一句的唱腔。你现在恐怕一生也听不到李维康表演苏小妹的那两句'去年一滴相思泪，今日方流到嘴边'时，那是什么样的神色，又是什么样的音域"。戴琛说得对，人的天赋基因是无法学习的。

戴琛曾经带我去过一个地方，那里的墙上挂了一排排的京剧面具。

那些面具展现出的是令人如痴如醉的色调，有红色的关羽、蓝色的窦尔敦、黑色的包公、白色的曹操，还有金色、银色各种神怪。那些面具所代表的是已经消失的各个时代。它们静静地注视着我，似乎是将死亡视为一种恢复力量的小睡，一旦它们从陵墓中醒来，马上又会充满世间的活力。你看那些极夸张的红白黄绿蓝颜色的脸谱，看上去就像在"哇呀呀呀呀"炸雷般地唱着，更像是"唧唧喳喳"清澈悦耳之声在耳边流动，那些颜色浓缩了过去历史中的美与丑，更体现了千年的忠奸善恶。

戴琛得意扬扬地指着那些面具，"它们还活着，它们就是历史"，他一边说着，一边站在那些面具前面为我唱了一段《搜孤救孤》。他为我破了例，只是清唱。通常他唱的时候，一定会有北京城中一群最出名的琴手乐队在旁伴奏。我听得手舞足蹈，血脉偾张。或许那是我一生中所能听到的最令人终生难忘的曲段。那种音色中带有一丝凄迷的味道，如同满山杜鹃花开，又如山间云雾蒸腾。那音调轻重缓急收放自如，行腔一波三折却又珠圆玉润，声音光滑引人入胜，听上去舒服极了。从他的唱腔中，我感触到了常熟的色彩，体会到了20年代民国时京剧鼎盛时期的味道，抚摸到了古老灵魂中的精髓。那种唱腔给你唯一的感觉是：他留给世间的是嗓音，赋予人物的是灵魂。其实，戴琛幼年时期就有进入梨园的机会。戴逸先生几十年以后告诉我：那时，他被打成"黑帮"，觉得以后前途渺茫，孩子们还小，戴琛有一副好嗓子，或许去了剧团以后还会有一条生路，于是拉着小小年纪的戴琛去艺术学校报名。戴琛的嗓音令所有考官刮目相看，拍手叫绝。结果呢？却还是因为出自"黑帮"之家，不予录取。

　　按照戴琛对常熟的描述推断，20 世纪 20 年代的常熟应该也是这种样子。如此说来，江苏常熟与北京张自忠路的"铁一号"就是戴逸先生生活的两大空间。戴逸先生早年居住的是明末清初的名人之宅，以后则又居住在中国近代历史发展源头之地，这算是历史的巧合吗？人们走过或居住之处，不知不觉中都沾染了以往几百年历史大事件之精气。

"铁一号"红楼里，戴家是最热闹的地方

回想起来，五岁与戴寅认识后，我们白天一起去幼儿园，晚上坐三轮车回家。那种三轮车现在看不到了，车的脚蹬座后面有一个不大的车厢，车厢是用木板做成的，漆成绿色，两边各有一个小窗口。孩子们坐在里面，拉车的老师傅在前面蹬车。我们这些五六岁的孩子对外面的一切都有无穷的好奇心，每每坐在车里，看到窗外街市景色都会产生无数的幻想。尤其是雪夜，天上飘下来的鹅毛大雪更会让我们这些孩子产生幻想，还真的以为雪花深处都藏着精灵鬼怪。戴琛后来对我说，他小时候刚从常熟回到北京时，见到我们坐三轮车非常羡慕，他在老家从来没有见过这种"豪华"车，觉得如果世间真的有天堂，我们就在天堂。他不知道的是，我们恰是因为这种车闯下大祸。一次在回家路上，我们几个孩子高高兴兴地在车中打闹，正逢下雪天，车子经不住几个小孩子闹腾，失去平衡，翻了，车厢木头撒了一地。我们傻乎乎地站在雪地里，看着蹬车的大爷坐在地上嗷嗷地哭："我这一辈子攒下的家当全被你们这几个小坏蛋毁了。"后来，几家大人不停地给大爷赔礼道歉，然后凑钱赔了大爷的车子。

我和戴寅一起上幼儿园，以后又一起上小学。放学以后，几乎每天都聚集在戴寅家玩耍。当时住在院子里的人家一般都是两户人家挤在一个单元里。戴寅家的空间比一般人家大很多，有三间屋子，九十多平方米，足够几个六七岁的孩子玩耍。再有，戴寅家有非常多的小人书，至少有几百本，足够我们这些孩子打发时间了。在那些小人书中，至今仍有印象的是《三国》《水浒》《西游记》，一套一套地装在盒子里。那些小人书都是当时的名家所绘，画面精致，故事精彩，伴随了我们的整个童年，更激发了我们小小心灵中的梦想。在楼上看完小人书，到楼下就仿照书中的故事玩耍：在院子里的空地上，我们模仿李自成指挥千军万马横跨中原，花园里的池塘成了黄海，我们假装指挥北洋水师与日本人在此决战。现在的人无论如何也想象不到，我们当时甚至敢爬到大门口前的钟楼顶上，在绿铁皮的屋顶上幻想着上天摘星，下海捞月。20世纪60年代儿童们的生活与现在不同，戴寅回忆说："每到星期六晚上，（戴逸）都带着全家一起到东四去看电影，经常一起到北海喝茶。夏天吃完晚饭，上五楼楼顶去乘凉，在上面聊天。各家的小孩在一起玩，有时候跑过来听听他们说什么。我们的知识见闻，一半是学校的，一半是从他们那里听来的。"[③] 戴寅所描述的这一段经历，我也在其中。几十年前的红楼顶上是一片铺着细小石头子的大平台，每到夏天傍晚，上面都聚集了很多大人，他们天南海北地聊天，孩子们则在一边跑来跑去，大人们聊天的内容丰富到现在的人无法想象：历史、传闻、书籍、戏剧、音乐、烹饪、服饰，无所不有。我们那时还小，听不懂大人在聊什么，但看他们一个个眉飞色舞、兴致勃勃的样子，也跟着兴奋莫名。那是我们幼年时期一段真正的快乐时光，现在想来，恍如隔世。

我们看小人书的时候，戴逸先生也会在闲暇之时给我们讲述书中的故事。先生讲故事的时候总有一股强大的吸引力，他能在几分钟之内就将我们带入另一种境界，让周围的人不知不觉被他的话感染。最让我们惊讶的是，先生居然能够将《水浒》中的一百单八将的名字包括诨号一个不漏地背出来，然后从中又引申出一连串的历史故事。很多年以后，与戴寅聊天才知道，戴逸先生幼年之时，正是被小人书引入读书之途的。及至成年，我们读了更多的书之后才了解，研究历史需要的一个特质是记忆力，因为史料太多、太杂，没有强大的记忆力，很难将各种史料归纳整理。几十年后，在我写《康熙遗诏1722》之前，戴逸先生对我讲述雍正夺嫡案，告诉我需要看什么史料，到什么地方去找，所有细节，他都脱口而出，了然于心。

印象中，除小人书外，我们在一起还会经常在书房里翻阅书架上的各种书籍。那一间书房给我留下永远的记忆，书房中铺天盖地到处都是书，其中印象最深的是一部《昭明文选》，书里的文章都没有标点符号，无法阅读。我问戴逸先生，古人的书怎么会这样？先生说，没有标点符号就要求古人读书要慢慢读，要先断句，然后一个字一个字地去读，去品味，囫囵吞枣不算读书。

戴寅家的大门似乎永远是敞开的，在"铁一号"的大院里，他家永远是最热闹的地方，永远是高朋满座，永远有络绎不绝的客人进进出出。那些客人中有院子里的熟人，有亲戚，也有外地各个大学来的人。求教的、求事的、约稿的，一波一波，川流不息。

如此一来，戴家的开支就非常大，按照戴寅母亲的话说，他们家简直就像是个大车店。即使到了现在依然如此。戴逸先生的工资在院子里算是高的，却也月月空，因为往来客人、亲戚太多。不过，在混乱时期则像是鬼子进了村，一片狼藉。

当戴寅家门庭冷落之时，外面已是风声鹤唳，我们无所事事，只能憋在家中。那个时代，没有手机可供我们打游戏，没有电视让我们观赏各种电视剧，收音机里都是战斗口号，报纸上也是"杀气冲天"。那个年头，我们不知道什么叫真正的"娱乐"，唯一能做的就是跟着戴逸先生学围棋，我的围棋就是在那个年代学的。当时我们几个人围着先生轮着下棋，听着云子落在棋盘上的清脆响声，喜不自禁，为一子输赢争得面红耳赤。对戴逸先生而言，他几十年中唯一的娱乐与嗜好也只有围棋，夜里灯火起时，院子里凡有围棋的地方，都会看到他的身影。即便到了晚年高龄时，他已不出门，仍然请人到家里来下棋，或者看电视上的围棋对弈。虽然围棋至今仍然是我唯一的嗜好，走棋几十年，却一直没有长进。去年斗胆再与先生在西小院下棋，连输三局，收关之时，满脸通红。先生九十高龄，头脑仍然精明，拍拍我的肩说："怎么走棋几十年，还在原地踏步？"说来惭愧，无论如何，我至少也算是业余围棋三段的水准呢。

1970 年，我在戴寅家时，中国人民大学已经停办，所有教师都去了江西干校。幸好中国人民大学老书记郭影秋在困境之中上书中央，保住了这些教师的编制。人大干校在江西成了一个封闭孤立的群体，好在这些书生们想得宽，自娱自乐，在夹缝中求生存。在乡下种地的日子里，有养鸡的，有养狗的，还有改行自学中医的。两年之后，江西荒凉的乡下在这些读书人的劳作中竟然出现了一排排石头房子，其中有一个大房子就是在打石头的地方盖起来的，居然可以容纳一百多人住宿，那个房子还有一个好名字："水晶宫"。

先生借我《资治通鉴纪事本末》带回福建

在戴逸先生家住了几天之后，我又踏上去福建老家的火车去投奔我姑姑夏美琼。背上包袱中有一部《资治通鉴纪事本末》。书是戴逸先生借给我的，叫我没有事情的时候读读。那时旅行不像现在，出门都有漂亮的旅行箱，在 20 世纪 70 年代，如果行李多了，就要拿扁担挑。送我去火车站的是戴寅的妹妹戴珂。戴珂后来成了北京一家大医院的脑科医生。当年她还小，在车站站台上跑来跑去，等火车要启动的时候，才走到我身边，笑嘻嘻地对我说："在东北，戴寅、戴琛送你，你到北京成了穷光蛋，叫我爸爸给你做饭，我现在又在这儿送你去福建，接着跑，什么事呀！"唉，戴珂不知道我身上揣着她爸爸给我的 149 块钱，虽然衣衫破旧，却也"富甲一方"，可以一路上尽情潇洒。

我在幼年时跟随父亲去过福建两次，对我姑姑印象最深的还是在她来北京参加人民代表大会的时候。那个时候正逢灾难时期，老百姓没有吃的，我父亲带我去华侨饭店看望她，当时我只有七岁，看到桌上有一个苹果，眼睛直直地瞪着，那个时候一个苹果比现在的任何奢侈品都贵重。我姑姑将苹果给了我，说是她特地留给我的。当时在场的还有林巧稚，她是我姑姑医学界中要好的朋友，她看到我手中拿着苹果，看到我迫不及待的眼神，便说："不着急，洗了以后再吃。"我姑姑在民国时期毕业于广东岭南医学院，毕业以后回到福州任协和医院外科主任，后来去美国继续深造妇产科，而后在美国南部行医。20世纪50年代回到福州创建妇幼保健院。她从医七十年，一生未婚，却在产房中抱出成千上万个婴儿，她是福建千千万万孩子的母亲。戴逸先生知道我要去福建找我姑姑，临走时说，到了福建问候我姑姑。我说我姑姑现在正遭批斗，他说："彼此彼此。"

我姑姑见到我的时候也吓了一跳："你怎么回来的？你父亲知道吗？"我告诉她前后经过以后，姑姑又问："戴先生现在还好？""挨斗。"我姑姑叹了口气："彼此彼此。"想不到姑姑说了和戴逸先生同样的话。

我姑姑的住所以前似乎是达官贵人住的地方，院落深深，地上铺着石砖，厅堂里则是木地板。那座院子与北京方方正正的四合院不同，那座院子弯弯曲曲，如果没有人引路，你将无法辨认进出的门路。让我好奇的是，院子中的厅堂都没有门，而是直通通地与天井相连。厅堂上铺的硬木条的油漆已经剥落，走在木板上面可以听到吱吱响声，可以感觉到地板下面空空荡荡的空间。天井中所铺的都是巨大的石板条，那种石板条都是百年前工匠们精心打磨而成，石板条之间严丝合缝，绝非一般人家能够做到的。天井中间是一座盆池，盆池中以前应该有鱼和花，现在则蔓延了一片青苔。更令我好奇的是，与北京四合院不同，居住在那里的人家都将饭桌放在厅堂上，每一张饭桌上都罩着一个巨大的笼罩，笼罩下是吃剩的饭菜，到了吃饭的时候，厅堂上就会出现一幅精彩画面，你会觉得自己进入了热闹堂会，而不是民居。

那里原来只有我姑姑一家人住，我去的时候则变成了大杂院。外面搬进来七八家人，都是医院的医生和护士。每家人都将吃饭的桌子摆在门口，一到吃饭的时候，就可以闻到各种各样的味道。这里的味道与北方完全不同，北方饭桌上的是高地平原的味道，这里的是江湖海洋的味道。那个院落是个整天家长里短、闲言碎语不断的地方，人们唯一的娱乐就是品评周围发生的事情。我去了之后，也成了他们观察的对象。一是因为我说一口北京话，这在福建可是稀罕事，我这个从北方来的人根本听不懂福建话。二是因为我姑姑虽然已经被归为"黑帮"一类，每天仍然要去医院给病人看病，只因为她的医术无人可比。然而，给病人看病以后，她要继续挨斗。即使这样，院子里的医生、护士对我姑姑仍存敬意，只要姑姑一回来，他们就起身叫一声"夏医生回来了"，而在以前，则是毕恭毕敬地叫"夏院长"。

姑姑虽然处在困境，保护她的人仍然很多，福建各地乡下上省城找她看病的人依然络绎不绝。各地来求医的人可不管我姑姑是不是美国特务，她们只知道姑姑是省里最好的医生。就连当时批斗我姑姑的人，后来也带着她女儿躲在门外求见看医，姑姑还真的为其开刀。我问姑姑，"为什么他们那么斗你，你还给他们看病？""医生眼里没有是非，只有病人。"那些乡下人到城里来看病的时候，会带着各种土产，像是鸡鸭鱼肉、水果干货，看病之前先给医生。我姑姑看到了，一概不收，一再嘱咐我祖母千万不要收任何礼物，不论是一斤油还是一只鸡。省里的高官家眷也来过这里。她们来了以后，除了看病，就是关起门来轻声细语地议论国事。

我姑姑的薪水在医院中算是最高的，但也是月月光，一是因为往来客人多，二是因为补贴家族，三是因为医院中有困难的人前来求助，她顺手就给几十上百。医院外面有一个看门人，家里穷，孩子上学没钱，我姑姑一直帮助，只是后来，我姑姑的手就是被那人打坏的。

在福建给在江西干校的戴逸写信

从荒蛮之地突然踏入繁忙的烟火人间，令人有恍如隔世之感。那时的北大荒是千古荒蛮之地，几乎没有人间烟火，过了长江则是一片郁郁葱葱，再到福建则是湿气浓重的鱼虾味道。姑姑住的地方是福州最为繁华之地，走不到两个弄堂就是沈葆桢、林则徐的故里，这里的人们就活在历史当中。房子后面是一条河，那条河直接通到海里，河里经常可以见到打渔的船只，船上的渔夫唱着莫名其妙的歌儿。河道两边是高低不等的白色房子，房子下面是碎石铺成的小巷，小巷口是石头搭建的石坊，石坊上雕刻着各种各样的花鸟，那些花鸟一直连到巷子中各种房子的飞檐上，形成一组奇怪的图景，那种图景在北京是绝无可能看到的。20 世纪 70 年代，福州仍然保留着前清时期的景观，一切都没变。

在姑姑家住下以后，事情会发展成什么样我也不知道。没有户口就是流民，没有工作就是无业，没有上学就是文盲。看着街上来来往往的人去上班，去学校，我心里既羡慕又迷茫。无奈之中，唯一可以做的就是读书。我姑姑家也有很多书，我在她上班的时候，偷偷到她房间打开书柜翻阅。书柜里全都是妇科医书，而且一半以上都是英文书。

姑姑白天去医院以后，我无所事事，还好有从北京带来的书，便开始读书。有了疑问，便写信给戴逸先生，在书信中，我称戴逸先生为"叔叔"。自幼至今，每次见到戴逸先生，我一直都称他为"叔叔"。后来与戴寅、戴琛私下称"老爷子"，对同事则称"戴公"。那时戴逸先生已经去了江西干校。自此以后的两年中，我在福建不断与戴逸先生书信往来。那是一段奇特的经历。在福建湿热的夏天，我坐在姑姑家的厅堂里，周围是穿着医院白大褂进进出出的女人，空气里"叽叽喳喳"都是女人的声音，说的都是北方人听不懂的方言。我就是在那种气氛下给戴逸先生写信，询问历史中的各种问题。戴逸先生则是在江西乡下的猪圈里、油灯下传授我历史知识。

戴逸先生的信都是从江西干校寄到我姑姑的医院，然后姑姑从医院里带回交给我。每次给我信的时候，姑姑都会问我信是谁寄来的，我说是戴逸先生。她问信中都说些什么，我便将信给她看。姑姑看了信以后，问我戴逸是否带了很多书去江西，我说没有。姑姑说戴逸怎么会记得那么多的事情，又问戴逸现在在江西干什么。我说他在养猪，很多很多的猪都要他养。我说的时候，脑海中出现一幅图景：冷冽的风雨中，地上一片泥泞，戴逸先生站在猪圈外面，一只手提着一个大桶，里面是味道熏天的猪饲料，一只手拿着一把大勺子，他对面是一群胖胖的猪，围着猪栏"嗷嗷"叫。

姑姑听完以后在饭桌上沉默不语，最后只说了一句："如此大学问家，去养猪！”

当时我不知道，戴逸先生写给我的所有信，都是他养猪之后在帐篷边、自己做的小木桌的油灯下写的。他一生几乎没有下厨做过饭，却给猪做饭。猪圈里一共有20多头猪，伺候那些猪的都是当时的大学问家：胡华，1950年代名望极高的党史专家；吴树青，经济学家，1990年代北京大学校长；当然，还有戴逸先生。清晨起来，他们开始挑泔水；太阳当头之际，他们起猪圈，做饲料；到了晚上，他们值班守夜。问题是，他们养的那些猪不知道为什么总也长不肥，戴逸先生设法买来一堆养猪指南，研究如何养猪，“左看右看，但是操作起来就是不行，不会养”。

大名鼎鼎的党史专家胡华与戴逸先生在北京“铁一号”的时候就非常熟悉。现在他们两人一起做猪倌，一起相处三年，与猪为伍，沦落至此，情何以堪。一年以后，那些猪终于被养得肥肥胖胖，按照现在流行的说法，是真正的“有机”猪，不是用激素和抗生素饲养六周就可以杀的猪。戴逸先生在江西乡下成了养猪模范。中国人民大学那些教师们在乡下偶尔能吃上肉都仰赖了戴逸先生养猪之苦。即便如此，先生在一封信中说，养猪之余，他在夜里读了一百本英文小说。我把信交给姑姑，姑姑看了三遍，低声说：“了不起！”戴逸先生在另外一封信中说，他在猪圈边上给世界史系的一位教授改书稿，几十万字，一字一字地改。我姑姑抚信而叹：“这就是今天大学问家在做的事。”我不知道，先秦以后历朝的大学问家们都是怎么活过来的。当然，我不知道的事情很多。

戴逸先生白天喂饱了那些混吃等死的猪以后，晚上坐在自己盖的石头屋前给一堆年轻教师讲授中国史。先生身上有一种磁性，只要他一开口，周围的人就会被吸引住，静静地围在一起聆听先生论史。

在江西乡下，那些读书人自有一番乐趣。每当夕阳西下时，河边就会有一道异样的风景线，那些读书人一边散步，一边海阔天空地聊天。戴逸先生和胡华还养了一只小狗，起名"纠纠"，胡华还特地为它搭了一个舒适的窝。那只狗长大后，帮着他们轰猪守门，晚上则陪伴着他们值班查夜。当地人有吃狗肉之习，胡华怕小狗走失，被人吃了，索性在狗脖子上拴了个小木牌，上写"胡华"，以示其有主。后来，胡华调到中国革命博物馆，要先回北京了，临走时嘱咐戴逸："小纠纠的事，尽量安置一下，你自己瞧着办吧！"

戴逸先生是最后一批回北京的，小纠纠似乎知道大祸临头，那几天在先生身边跟前跟后，寸步不离。一些好吃狗肉的老师们，动不动就跑到猪圈来再三动员先生把狗杀掉，先生坚决不同意。那些相劝的人说："你看，马上就要回北京了，总不能把狗带回去，与其留给老乡吃，不如让大家饱餐一顿，增加点油水。"先生禁不住天天被催问、敦促，只好撒手不管，还特地请假一天，离开猪圈，跑到镇上，有意躲开了杀狗、吃狗的场面。但每当夜深人静之际，耳畔却总仿佛回响着小纠纠的凄厉叫声。为此事，先生一直内疚，心神不宁。1973年春他返回北京，见到胡华时，向胡华讲述了小狗的噩运，两人在红楼下相视半晌，黯然无言。最后，戴逸先生叹一口气："只能是这样的结局。"

戴逸从福建的叶向高讲到意大利的利玛窦

在福州住了一段时间以后，我的户口从黑龙江转到福建福清祖籍，到乡下务农。我又重新有了户籍，虽然归类于农民，但对我来说，命运出现了新的生机，生活方式发生了转变。我经常往来于福州与福清之间，到了冬天，就像候鸟一样回北京。在福州的时候住在姑姑家，到了福清就住在我大伯家。大伯一家住的地方是福清一栋出名的宅子，叫鹤庐，那是一栋非常大的房子。大伯一家租了二层的一部分，前后一共六间屋子，看上去空间非常大，但那也只占了整栋房子五分之一的面积。福清街道上的房子一般都是用木料做成的，鹤庐的房子则是砖瓦建造，听说是民国初期福清的一家有钱人盖的。鹤庐里面弯弯曲曲，有长廊，有花池，天井里面铺着长条石板。下雨的季节，坐在二楼厅里可以看到外面远处一片迷茫中的千家瓦顶、万家炊烟。在那些瓦顶下，百年以来，每天不知有多少悲欢离合的故事在发生。每当我置身于那种情景中，真如同走进宋代画卷里。在我幼年的时候，父亲曾经带我回福清乡下祭祖，也是住在鹤庐。记忆中，当时这里的一位主人请我父亲去看他家的收藏，满满一屋子的古画让人眼界大开，犹如一脚踏入魏晋宋元之地。后来回到福清，我还想再去看看那些画，却再也寻不到踪迹。我问伯父那些画还在吗？伯父摇摇头："全被烧了。""画的主人呢？""被打死了。""为什么？""前清遗老。"历史就如此被活生生切断。

回到福清，走在福清大街小巷石头铺的道路上，我才感觉到我的祖先是从这里一步一步走出来的。这里是一个充满文化与精神的小县城，也是一个充满幻想与野蛮的地方。这座不大的小县城是由九街三十六巷组成，它的房舍是由木头石灰建造，那些建筑不是 20 世纪的产物，而是三百年前就有了。这里有建于明万历三十四年（1606 年）的瑞云塔，听说建塔的目的是补龙江地势之旷，点缀融城风景之不足，号称"南天玉柱"。这里有石竹山，听说是梦文化的发祥地和传承地。石竹山上的一草一石都充满道家文化，石竹山的道教文化有许多奇绝之处，四百年来一直有关于一梦（祈梦）、一签（抽签）、一春（接春）、一愿（许愿）、一生辰（元辰保护神）的故事。明朝永乐年间的马铎、万历年间的叶向高、清朝的李光地、清朝民国的陈宝琛和萨镇冰等历史名人都在石竹山祈过梦，在民间留下百年传说。这里有一座创建于唐贞元五年（789 年）的黄檗寺。清顺治十一年（1654 年），黄檗寺住持隐元在他 63 岁的时候，率领徒众三十人，东渡日本弘扬佛法，在日本创立了一个新宗派，与日本原有的临济宗、曹洞宗并立，称为黄檗宗。听我伯父说，抗战时期，日军到了福清，唯独对黄檗寺绕道而走，不敢放肆。

这里还有始建于唐代的少林寺。一百年前辛亥革命党人陶成章在《教会源流考》一书中曾经说过，"福建也有少林寺，然与河南少林寺不同"。但是福建的少林寺在什么地方，陶成章也不知道。几百年来，雍正皇帝火烧福清少林寺的传说在福建民间广为流传，家喻户晓，不过那终究只是一个传说。直到后来福建咏春拳第七代传人郑忠从海外回国，专程到福清少林寺北麓拜谒五枚师太灵塔时，带回一本原始资料，人们才知道南方少林寺的地址在福清东张镇少林村。那本资料中记载，火烧福清少林寺的时间是清雍正甲寅年（1734 年）。

20 世纪 70 年代的福清城关仍然保留着明清时期的原型，这里的魅力是历史存留的架构，而不是现在那些新建的一片片枯燥无味的楼宇。所有街道布局都保留了几百年以前的式样，甚至太平天国的大火都没有烧到这里。但在 20 世纪 30 年代，日本人将战火烧到了这里。我听父亲说过，他当年随着我祖母向西逃难的时候，险些被日本人的战火吞噬。

在福清，我大伯有空的时候，经常带我在县城里走动，告诉我一些福清的历史。他说，你别看福清地处中国南方边远地带，在历史上，福清也出过很多名人，比如明朝万历、天启年间的内阁首辅叶向高，他因与宦党魏忠贤的斗争而闻名于世。宦党乱政，是明朝历史上，甚至中国历史上最黑暗的一段历史。以叶向高为首的东林党则是那个时代的一股清流。正是因为叶向高与朝廷中的宦党一派势不两立，才留下了清名，令后人敬重。我伯父带我去看过叶向高在福清住过的地方，那里只留下一个残破的池塘，令人唏嘘。我冬天回到北京时，特地向戴逸先生请教叶向高在明朝历史中的地位。

"叶向高是明朝末年东林党之首，这只是表象。看历史，你不能仅仅看历史的表象，而要寻找隐藏在表象后面的东西。"记忆中，先生说这番话的时候是冬天，外面下着大雪。报纸上正在铺天盖地地批判孔子。先生工作的台桌、茶几、沙发上都堆满了书籍、卡片和地图，那时先生正在写关于《尼布楚条约》的书。通常，我问问题的时候，都是和戴寅坐在一起听，先生讲完之后，我们就有了新的聊天题目。这已经形成习惯，数十年都是如此。

对于我的问题，先生放下手头工作，花了很长时间给我分析历史。三百多年前，叶向高从风化未开之地福清一路走到北京，走到明朝政治舞台的最高层；三百多年后，戴逸先生在北京红楼里讲述三百多年前的故事，真不可思议。

"叶向高所处的年代是明朝晚期最黑暗的时期。"

"最黑暗的时期？是不是指当时的宦官乱权？"

"不是，是指气候。"先生突然提到此点令我惊讶。气候与当时的社会黑暗联系在一起？先生认为，那时候中国遭遇到气候上出现的世界性小冰期，常年干旱导致粮食短缺，以至于引发了大规模的农民起义，政治上则是宦官当政，一团混乱。叶向高属于当时东林党的清流一派，一般人们只注意到他的政治倾向，而没有注意到当时他与西方来的一个人物有密切联系。

"是谁？"我问。

"利玛窦。"

"利玛窦是怎样一个人？"我又问。

先生说："你去看一下黄百家写的《明史》中的《意大理传》，那里有详细介绍。"

我翻看了《明史》，才知道，利玛窦是意大利耶稣会士，1582年来到中国，那时正是万历年间。他为什么要来中国呢？戴逸先生说，历史也需要想象力，仅仅依靠书本里的内容观察历史远远不够。利玛窦在明朝历史中占有重要地位。利玛窦来华的年代是世界历史的分界线，西方正经历一场历史上的巨变：文艺复兴，而中国却因为日本在沿海一带的入侵将大门关上。那个时期，正是西方文明迅速反超中华文明的关键时期。由于中国拒绝外来文明中的先进因素，中国在世界之林中的地位自此日渐低落，利玛窦也成为明朝衰落的最后目击者之一。他在华长达28年，以外人的眼光看中国的症结，往往切中要害。

"叶向高在当时朝廷中是内阁首辅，却与当时从西方来的耶稣会传教士有密切交往，其中就包括利玛窦和艾儒略。这仅仅是历史中的偶然与巧遇吗？"先生在四十多年前的冬天提出的这个问题，至今我仍然无法找到答案。

20世纪80年代初，我在故宫博物院翻阅史料，对利玛窦有了更多的了解。利玛窦是西方天主教在中国传教的最早开拓者之一，他熟知当时欧洲文艺复兴的科学，是第一位阅读中国文学并对中国典籍进行钻研的西方学者。四百多年来，利玛窦可以说是沟通中西文化第一人。现代的人们怎么能够想象到，近代西方与东方之间最早的接触居然是通过罗马教廷的耶稣会士?耶稣会传教士成群结队来到中国,不断将对中国的印象记录在书信里,通过运输瓷器和茶叶的货船寄到罗马教廷。西方对于中国的知识正是通过这些耶稣会士而在欧洲迅速传播,这与中国人对西方的茫然无知形成鲜明对比。

戴寅后来告诉我,他去梵蒂冈罗马教廷图书馆的时候,看到了明清之际西方来华传教士的大量信函,那些古老信函记载了明清之际的大量史料,那些史料几百年来一直静静放置在罗马教廷图书馆里。那些史料是记录中国与西方最早接触的最重要的一部分史料,等待后人的开发。

利玛窦通过"西方僧侣"的身份,以"汉语著述"的方式传播天主教教义,并广交中国官员和社会名流,传播西方天文、数学、地理等科学技术知识,他的著述对中西交流做出了重要贡献。在北京,利玛窦选中了宣武门内的一块土地,在这里修建了一座教堂,这就是著名的南堂——北京地区现存最古老的天主教堂。利玛窦与当时朝廷重臣徐光启、李之藻和杨廷筠交往甚密,欧几里得的《几何原本》就是他与徐光启合作翻译的。利玛窦等制作的世界地图《坤舆万国全图》是中国历史上第一个世界地图,在中国先后被刻印十二次,问世后不久,在江户时代前期被介绍到了日本,对日本地理学的发展有着很重要的影响,北极、南极、地中海、日本海等词汇皆出自此地图。利玛窦的著述不仅对中西交流做出了重要贡献,对日本和朝鲜半岛认识西方文明也产生了影响。

利玛窦在中国期间,与叶向高之间的关系也非常密切。他在 1610

年去世，按照当时惯例，西方传教士死后本应移葬澳门，正是在内阁首辅叶向高等人的斡旋下，万历皇帝破例准许利玛窦葬于北京西郊平则门（今阜成门）外二里沟的滕公栅栏，使其成为首位葬于北京的西方传教士。1980 年，我年轻时在《历史研究》上发表的第一篇论文就是从利玛窦写起的，这是不是冥冥中注定的事情？

我的老家福清是人口迁徙之地

明朝时期的福清应属荒蛮之地,在那个时期就有人到朝廷做大官,这在唐朝时期几乎不可想象。历史上,福建一直被称为南蛮之地,其文化与中原文化相差极大。或许是唐宋之际,中原人被迫往南方迁移才有了福建的发展?

在福清,我的一口北京话也成了一景,周围的亲戚邻居都喜欢到伯父家听我讲带"儿"音的北京话,而我却要学福清话,迄今为止,我的福清话仍然是结结巴巴的半吊子。听我父亲说,福清方言保留了很多古代汉语的成分,保留了很多古汉语的特征,是中国语言的一个活化石,在语音、语法中带有十分明显的古代中原语言的特征。中国各地方言有其巧妙之处。江浙一带的语言发音犹如法语,而广东福建的发音犹如德语。两地所用文字却一样,由此相互会意。几年之内,我渐渐学会了福建话,无论在福州还是在福清,都试图用福建话与周围的人交谈。用方言与当地人交谈时,我感觉自己像在玩一场语言版的跳房子游戏,从古汉语跳到现代汉语普通话,还时不时借用这两种语言中的词汇。

福清是福建省出名的侨乡,位于福州南翼,其历史可以追溯到唐朝时期的天宝元年。福清人下南洋已经有百年历史。主要原因就是一个字：穷。20 世纪 30 年代，福清人下南洋。到了 90 年代，福清人又去了北美，整村整村的人去美国，纽约唐人街原来满街都是广东话，后来完全变成了福清话。几十年以后，戴逸先生在西小院中的一次谈话中特别提到，中国人口的发展与西方世界不同，中国历史上人口的移动先是由北向南，然后是向四面八方迁移，这是中国人口文化最大的一个特色。到了福清，才有这种感觉。像是我祖家林姓，以前就是从河南迁移到南方的。还有福建大姓中的陈姓、谢姓都是如此。这些大姓很多又迁移到海外。

注释

① 戴逸在《我的学术生涯》(载《戴逸文集·学界记往》,中国人民大学出版社,2018年)中介绍了当时的情况:

> 1952年,随着中国人民大学的发展,中国革命史教研室一分为二,原有历史组单独成立中国历史教研室,由于缺少中国近代史的教师,我被调到中国近代史组,填补缺额。说实在话,当时我对中国近代史的知识极为缺乏,只读过范文澜的《中国近代史》和胡绳的《帝国主义与中国政治》等书,远没有我在马列主义理论、党史和中国古代史方面读的书多,但是为了工作需要,我转入了中国近代史专业,一切几乎都要从头学起。
>
> 中国人民大学的近代史教学任务,本来是由尹达同志担任的。他知识渊博,理论分析能力强,讲授生动、风趣。不久他调离人民大学,实在没有人能够接替他,这一任务竟落在了难以胜任的我的肩上。那时的中国史学界重视古代史,专家名流群集于上古先秦史。秦汉以后的历史,研究者已少。鸦片战争以后的近代史研究者更少,几乎不被承认是一门学问。用马克思主义观点撰写的中国近代史书籍,寥寥无几,资料也十分缺乏。1954年才出版了杨松、邓力群原编,荣孟源重编的《中国近代史资料选辑》,但篇幅不大,不能满足教学和研究的需要,在备课和研究中必须阅读线装本,查阅原始资料,要花费很多时间和精力。1952年,中国史学会主编的"中国近代史资料丛刊"开始出版,第一种是《太平天国》,以后陆续出版十余种,最后一种《北洋军阀》到"文革"以后才出版,全部字数两千数百万,为近代史研究者提供了有用的资料。这套丛刊收罗了重要的近代史资料,大量发行,风行全国,影响及于海内外,不仅新中国成立初期像我这批近代史工作者身受其惠,连一位美国教授也说,这套丛刊在美国帮助培养了几十位研究中国近代史的博士。
>
> 1955年和1956年,我给中国历史研究班的中国经济史研究班上中国近代史课,学员前后有七八十人,有调干生,有大学毕业生,也有全国高校历史系的教师,许多学员年龄比我大,具有丰富的历史知识,其中有些人已是副教授,而我还只是讲师。当时,上中国古代史课的是尚钺同志,我上中国近代史课。应该说,我承担这个课程是力不胜任的。但艰难的任务鞭策着我格外努

力拼搏，认真备课，夜以继日地阅读史料，思考问题，在近代史领域中摸索前进。

② 中国人民大学清史研究所仅以科研工作而言，从 20 世纪 70 年代开始到 21 世纪的 30 年间一共出版了 244 部专著，发表了 2000 余篇论文，连同主编的各种书籍、资料、古籍整理、译著等在内，学术成果达两亿四千余万字。（《清史研究》2008 年第 3 期）

③ 戴寅：《家中印象》，《传记文学》2018 年第 9 期。

第二部分

史学教案：五十年前先生的三十六封信

"学问与好奇心永远连在一起"

　　我到福清以后，伯父见我带了一堆的古书，问："这些书都是古文，你看得懂？有人教你吗？"我说有，拿出戴逸先生的信给他看。伯父大吃一惊："戴逸？他可是大学问家。"我奇怪，伯父怎么也知道戴逸？伯父告诉我，以前他看过戴逸的《论清官》，为文中的思想与文采叫绝。他告诉我，如果不是因为以前家里太穷，他也会去学历史。当伯父问我戴逸先生现在在干什么，我回答说在养猪的时候，他流露出的凄凉的眼神令我一生难忘。

　　我在福清的时候，与戴逸先生的通信仍然持续。伯父也曾经看过那些信，看完信以后，会从大床上跳下来，啧啧称奇："在乡下养猪，面对一片荒凉，什么书都没有，单单凭着脑子记忆就能写出这么多历史？"

　　是呀，一个人的头脑中怎么会装下如此之多的历史？后来，我问戴寅，戴寅说，可能是天赋。真的完全是天赋？再问戴琛，戴琛说，老爷子头脑的构造与常人完全不同。头脑构造？似乎还是没有说清。四十年后，再问先生，先生说，天赋一分，运气三分，剩下的完全是靠一生的努力与坚持。"你看,我现在 92 岁了,还在工作呀。"是的,每次走进西小院,抬眼看去,先生的书桌上、床边案几上、门口狭小的空间里,到处都是书。仅仅看书还不够,先生说:"学习历史,不仅仅是读古籍,还要走万里路,看遍人间世情。历史就在你身边,过去的事情并没有死亡,而是通过一代一代人延续下来,人们正在做的事情其实也正是历史的延续。此外,更重要的是,你看历史,或者做任何一种学问,要有无穷无尽的好奇心,要永无止境地探索与琢磨。"

"好奇心?"这是我头一次听到。

先生补充说:"对,好奇心。你的好奇心要一直伴随着你走到生命尽头。学问与好奇心永远连在一起。"先生又补充道,好奇心还要与观察力、想象力结合起来,更要将具体的人物与事件转变成抽象概念。这句话是他 2018 年秋天所说,说完之后,马上交给戴琛一张长长的书单:"你去买吧,我马上要看。"我愣住了,天呀,先生 92 岁了,刚刚审完百卷清史书稿,本应停下来休息,颐养天年,怎么却又要接着看书,怎么心中仍然充满着无穷无尽的好奇心!

先生不止一次提到"好奇心"。还说道,做事要做你内心里真正喜欢的事,只有那样,你才能够废寝忘食地努力下去。先生这一段话,我在生活中、在社会上花了很长时间才慢慢品味理解出来。人类的好奇心是一切伟大发明与创造的源泉。纵观整个科学史,绝大多数最终被证明对人类有益的伟大发现,都源于好奇心的驱使。满足自己的好奇心是历史上几乎所有科学家唯一的渴望。从伽利略、培根和牛顿的时代开始,好奇心就是现代思维的一个典型特征。在整个人类文明史上，它更是不可或缺的。越是远离金钱物质与现实应用，好奇心就越有可能为人类福祉做出难以想象的贡献。只要好奇心存在，禁锢人类思想的锁链就能够被粉碎，思想探险就能够获得自由。正是凭借这份自由，卢瑟福和爱因斯坦才能披荆斩棘，向着宇宙最深处不断探寻，同时将紧锁在原子内部无穷无尽的能量释放出来。也正是凭借这份自由，玻尔和密立根了解了原子构造，并从中释放出足以改造人类生活的能量。人类真正的敌人，是那些试图为人类精神套上桎梏让它不敢展翅飞翔的人。从另一个角度说，现在很多的人在研究学问之前，就先给自己套上层层枷锁，这才是问题所在。

我至今仍保留着四十多年前的那三十六封信，视之为珍宝。那些信向后人展示出，在 20 世纪 70 年代初几乎所有的学校都关了门，甚至想找一本经典书籍都难的那种极为困难的环境中，在社会几乎屏蔽一切文化之际，社会底层仍燃烧着文化之火，展现出文化的魅力。那些信还反映出做学问的途径是怎样形成的，人文科学的路是怎么走出来的。此外，那些信也展示出戴逸先生极为深厚的学术根基，70 年代以后他对清朝历史的观察与分析是根基于对中国几千年历史的理解的。

那些信中所谈的都是历史与文章。开始的时候，先生为我开了一个书单，从先秦诸子到《史记》《汉书》《资治通鉴》。先生几十年以后还说，在中国的史书中，真正写得好的不过三本：《史记》《汉书》《资治通鉴》。

前年在红楼里与戴寅、戴琛一起煮茶聊天时,戴寅告诉我,他有个学古典文学的同学说,秦朝以后,除《史记》《汉书》外无书可读。我听到后,大吃一惊,为什么?到现在,我还没琢磨出这句话到底是什么意思。

现代人学史一般都是从读教科书入手,我读史却是从诸子百家开始,从《史记》《汉书》《资治通鉴》开始,走了一条最原始的路子。戴逸先生对《史记》极为赞赏,他认为这部书有"灵气"。"灵气",用这样一个词描绘《史记》,实在太妙了。读完《史记》,慢慢品味,细细思量,才能感觉到"灵气"之意。司马迁写鸿门宴,写四面楚歌,写张良,写侠士,把一个个历史场景与人物都写活了。中国文化史最重要的一个特色是文史不分家。历史是有灵魂的,后来的很多人却把历史写死了。

书籍是知识与思想的载体,从古到今其形式经历过许多种变化,从泥土版、木片、竹简到石碑,从莎草纸、绢帛、各种原始纸类再到现代用纸,但用途并未有变化。未来即使成为电子书,成为一个个的电子讯号,也依然不会变化,仍然承担着传递人类文明与记忆的责任。

书,一旦你将那一扇门打开,就一发不可收拾,文字将你头脑中的所有想象与思维连接到另外一个你从来没有接触过的世界。那个消失了的世界里的人通过文字又都活了过来,通过精心打磨的字句与你对话。人们说,世界上灵魂根本不存在,其实,在我看来,灵魂同样是物质,它当然存在。不同的是,它是通过文字而存在。历史之门一般人打不开，而一旦打开了，只要你细细地看，过去消失了的人物与景象便无处不在。从另外一个角度看，读书不只给你知识，也给你力量。一旦你获得更多的知识，在万般苦难的现实中，你才有勇气直面风暴，排遣心中的郁闷。

当你真正踏入了读书的境界之后，当你真正触摸到前人的灵魂之时，或许你才能够体验到古人所谓的"四海无人对夕阳"的意义。你站在一片广袤的土地上，千年之中，那里曾经有过的盛世之筵、战争硝烟、民族纠纷都已消失，留下的只有白茫茫一片大地。你阅读过那些历史书籍以后，会产生无数的疑问与好奇，所有那些曾经发生过的事情将会变成什么样？多少年之后，我才体会到，以前所读的史书，不是思想的桎梏，而是灵感的源泉，股股清泉正从古人的精神中源源不断地流出。

"如何读古书是一门学问"

在人类历史中，从古到今，读书或许是延续文化的最重要的方式之一，一个民族如果不读书，这个民族也就失去了所有发展的机会。而如何读书则有各种各样的方法。至于说如何读古书，那也是一门学问。70年代初，在一封信中，戴逸先生专门说过应该怎么读书：

> 我们从前读古文，就是"背诵"。老师都是凶得要命，逼着你死读死记，一本《古文观止》就是这样读下去的。当然现在用不着这样读法。但是对于好的范文，多读几遍还是必要的，如果只是匆匆浏览，走马观花，就不能理解它的结构、句法、用字、意义。学习古文，比较浅的是《古文观止》。从春秋到明代，选了许多有代表性的文章，但所选的是正统的散文，此外诗赋骈文都没有选。较深一点的有梁太子萧统所选《昭明文选》。这本书篇幅稍大，从古代选到六朝，体裁较广，是一部最著名的选本。我小时候很喜欢这个选本，十七八岁时买到半部，我花了很长时间补抄了许多，但是其中有一些很长的文章（如汉赋），我不太喜欢，读起来太难，佶

屈聱牙，读完几遍也不知所云。《昭明文选》有李善等六臣的注本，读时可参考。

另一部是姚鼐的《古文辞类纂》，姚是清代桐城派的古文大家，所选都是散文，尤以唐宋八大家为多，唐宋以后的好文章选的〈得〉较好〈少〉。

你如果学古文，可以拿解放后出版的古文选（我说不上名字，因为我不大注意这方面的选本，只记得我校冯其庸等有《历代文选》）作为主要读物（因其注文容易读），然后再浏览《古文观止》《古文辞类纂》《昭明文选》，不久就可有成效。应该说明：这几本书中真正有学术价值的是《昭明文选》《古文辞类纂》。但只要选一些翻翻看看就可以了，全部精读，所费时间太多了。

死记硬背是古人读书的一个特点。现在很多学校仍然按照这种方法教书。戴逸先生对此并不赞同："背诵答案并不重要，重要的是如何得到答案。也就是说，过程比结果更重要。"

先生的所有信笺，我至少要读三遍，真正理解恐怕要花上几十年。就像这封信所说的"古文"，我在四十年之后看到先生《涓水集》中很多信函是用古文书写的时候，才明白是怎么回事。在西小院的一次谈话中聊起古文，戴逸先生说，他到高中时才学习写白话文，此前只会写文言文。由此可以想见先生古文的功底之深。现在的年轻人几乎不看古文。其实，现代的白话文正是从中国几千年的古文中演变出来的。如果一个民族的语言中特有的语感被抹杀掉的话，这个民族的语言就会丧失其文化上的特有价值和意义，也不再具有语言的深度和丰饶。真正好的白话文的基础就是对于古文的理解。古文浓缩了中华民族几千年的人文智慧，即使到了今天，中国古文并没有死去，而是在白话文中重新复活。阅读古文，"理解它的结构、句法、用字、意义"更是白话文写作的基础。不仅中文如此，世界上其他文字也一样。后来我看到英国了不起的政治家丘吉尔写的《我的早年生活》（*My Early Life*，1930）一书中同样说过，他的英文之所以写得好，是因为他从小就注意英文的基本结构：我把普通英国式句子的实质结构——这是一个极好的东西——吸进了我的骨髓。

"学习历史，应当知道历史书的各种体裁"

如何读中国史书呢？在同一封信中，先生说，学习中国史，首先要知道中国历史书籍的种类：

> 袁枢的《通鉴纪事本末》，当然也是一部有名著作。袁枢是纪事本末体的创始人，此书以大事为纲目，最便于刚学历史的人去读，纪事到唐五代为止。以后还有陈邦瞻的《元史纪事本末》（［谷应泰的］《明史纪事本末》），但陈书不及袁书写得有条理。

> 袁枢此书，基本上来源于司马光的《资治通鉴》，但是二书的体裁不一样，当然《资治通鉴》的学术价值要比袁书又高出一筹。

> 学习历史，应当知道历史书的各种体裁。主要的有如下几种：

> 1. 纪传体。旧说称为正史。二十四史都是纪传体，篇幅浩烦〈繁〉，不但初学的〈者〉读不了，就是专搞历史的人，通读二十四史也没有几个人。二十四史中〈的〉价值也不一样。司马迁的《史记》当然是最高，其次是班固《汉书》、范晔《后汉书》、陈寿《三国志》（不是《三国演义》）、欧阳修《新唐书》、李延寿《南

史》《北史》等。最低劣的如魏收《﹛北﹜魏书》、脱脱《宋史》、宋濂《元史》、张廷玉《明史》。《魏书》﹝被﹞称为"秽史"，《宋史》太冗繁，《元史》杂乱无章，《明史》官气最足。正史中最值得读的是《史记》《汉书》，篇幅也较小。

2. 编年体。以《左传》《资治通鉴》最有名。《左传》较难读，然其文章精练，是先秦散文的代表作。《资治通鉴》篇幅较大，但上下一千数百年，囊括贯穿，学历史的人是应该通读的。

3. 纪事本末体。以袁枢书为代表。

4. 通志体。最有名的是郑樵《通志》、杜佑《通典》、马端临《文献通考》，篇幅极大，一般只是〈用〉翻阅，不必去全读。

5. 史学评论。以刘知几《史通》、章学诚《文史通义》为代表，评论史学的得失。

此外还有国别史、野史、笔记、传记等体裁。史部书籍何止几千种，不可能全部读。基本的最重要的就是《史记》《汉书》《左传》《资治通鉴》《通志》《史通》《文史通义》。如果要深入研究，就要划分断代史，如明史﹛专家﹜、元史﹛专家﹜、唐史﹛专家﹜，所读的书当然不一样了。如果只是基本的，那上举几部书就行了，部数虽不多，但每部书的篇幅也相当可观的〈了〉。我建议你先读《史记》《资治通鉴》二书，这是整个中国历史著作中最精华部分。《史记》一书是两千年旧史学的典范，从远古到汉武帝为止，所谓"究天人之际，通古今之变"，文章也精彩。其中项羽本纪，陈涉世家，屈原、信陵君、廉颇、商君、孟尝君等列传，人物栩栩如生；货殖列传，别具只眼。[《史记》]不但是古代最著名的历史著作，也是古代最著名的文学著作。《资治通鉴》可以与之比美。《史记》写人写的〈得〉好，《资治通鉴》写事写的〈得〉好。如赤壁之战、淝水之战、李愬雪夜下蔡州，叙事明晰生动。特别是唐代部分，写得更具体详细。从前许多范文，很多选自这些书（特别是《史记》）。

　　读这些书，一本字典是不可缺的，当然有一本《辞海》更好。

　　对于一般学习历史的人而言，或者对于在学校中学习历史的学生来说，找几本历史教科书读读就算是学历史了，这还算是好的。现在年轻人很多是从电视剧或胡编乱造的历史小说中学历史，那真可说是误人子弟了。如果你真的要下功夫学历史，最起码要知道过去历史中留下了什么典籍，更要有基本的古文基础。而这些也仅是踏入历史之门的第一步。如果你没有基本的古文基础，如果你没有浓厚的兴趣，所有那些古籍都会让你望而生畏。如果你真的有兴趣，真的踏入其门，展现在你面前的将是波涛汹涌的海洋、延绵无际的山川。当你真正进入历史之门以后，尽管火山近在咫尺，或富贵唾手可得，你仍然可以不为所动，依旧循着历史的脉络不断探索。

　　戴逸先生在这封信里虽然只是列了一个书单，介绍怎样挑选历史读物，却也讲了如何读书。古今天下的书太多，永远读不完，因此既要有选择，也要有方法。1974 年我回北京的时候，先生专门说及快读与慢读之间的关系。很多书可以一目十行,跳跃着读。重要的书或重要的片段则要精读,细读,一个字一个字地读,要琢磨作者为什么要用这样的写法,而不是用其他写法,为什么要用这样的字眼,而不是用其他字眼。读书不仅仅是为了吸纳书中所有的知识,更是为了了解和掌握书中的思维方式。要在读书的过程中,寻找新的东西,同时,要将各种不同的书串起来读。20世纪90年代初先生写了《18世纪的中国与世界·导言卷》,全书只有八万字,我前前后后却读了五遍,每次都读得非常慢,一个字一个字地读,读完之后,都会产生出一些新的问题,然后再请教先生,接下去找有关的资料书籍继续翻阅,串起来接着读。《18世纪的中国与世界·导言卷》虽然篇幅不大,却是一部非常重要的著作,先生后来编撰清史的一些重要思路都在此书中体现出来。在这部书中,先生首先提出18世纪世界上三个国家——中国、俄国、美国的发展对整个世界产生了重要影响。

过去两百多年来,这三个国家一直影响着世界的发展。

"《史记》写人写得好，《资治通鉴》写事写得好"

单单是初学历史，就要读这么多的书！这个书单让我大吃一惊。我犹如站在一片海洋面前，看到的是浩瀚无边的海浪。又像站在一座巨大的门前，走进去之后，却发现里面又有重重叠叠的门。

"《史记》写人写得好，《资治通鉴》写事写得好"，这句话点出《史记》与《资治通鉴》两部书的特点，是一句经典之言。后来我细读这两部书的时候才真正体会到先生所言之意。

那是一封很长的信，日期是 3 月 30 日。3 月的江西应该是阴雨绵绵，"水晶宫"里，应该是凄风冷雨，戴逸先生应该还在猪圈喂猪，他脚下应该是一片污浊泥水。信就是在那种情况下写出来的。而在同一日，戴逸先生又写了另外一封信：

> 写了上封信，再想想，我介绍你读《史记》《资治通鉴》，虽然只有两部书，但篇幅很大，共几百卷，恐怕太多了。想选一些，手头无书，也记不得其中具体篇目。《史记》一书中可先读如下一些：本纪中的项羽和高帝（刘邦），世家中的孔子、陈涉、萧相国、留

侯，列传中的管鲍、商君、范雎、信陵君、屈原、廉蔺、孙武吴起、田单乐毅、孟尝君、春申君、老庄、伯夷叔齐、刺客、货殖、淮阴侯、魏其武安侯、张耳陈余、苏秦张仪、李将军（李广）、卫青霍去病等。八书可暂缓。

《资治通鉴》系年记事，没有篇目，所以不好选，如果没有时间，只读一些段落就可以了。如秦始皇到楚汉相争一段，王莽到光武一段，汉武帝一段，三国一段，魏晋南北朝可以不读，隋末到唐太宗武则天一段，安史之乱前后一段，黄巢起义一段。

为什么只看这几个段落呢？那个时候我不知道，只是按照先生所说读下去，记忆中，读的过程中唯一的感觉是，或波澜壮阔，或血腥冲天，或光彩照人，或鬼影重重。看到了热闹，却不知其中的奥秘。多年之后，再重新翻阅，才知道先生指出的那些段落都是历史的重大转折点。

读历史，是了解过去发生的事情，在这个过程中，你看到的都是散落在各种书籍中的片段，一旦将那些片段连接起来，就会看到完全不一样的事物与思维。读书也是一个了解思维方式的过程，在这个过程中，不仅要吸纳所有的信息，而且要有针对性地进行筛选。历史的复杂性和多样性能提高人的判断力，不仔细研读历史，我们将无法辨别今天与明天可能发生的事情，你读的历史越多，你的自信力就会越强。你看到的历史是过去发生的事情，但历史真正的作用却是预测将来人类的走向。

这与法律诉讼有类似之处。对于律师来说，每当他面对一个新案件，首先要做的事情是了解案件的来龙去脉，然后就要从以往各种案件中寻找类似的案件加以比较，从中找出脉络。

如何研究历史呢？先生在另外一封信中说：

　　中国史籍汗牛充栋，但你所读的五代以前的史籍相对说来还是比较少的。一因年代久远书多失传，二因印刷术尚未发明，当时书都是手抄，数量较少，当然它的绝对数量也很可观，但比起宋元明清近代现代，唐以前的书是较少的。比如说研究两汉，就是靠《史记》《汉书》《后汉书》等等，这些书穷几年之力，可以完全读毕。但尽管如此，中国史的研究还是一片有待开垦的处女地，仿佛｛像｝你们黑龙江的土地一样，关键问题就在于条件的限制。古人不能像我们今天一样去研究，所以古人留给了我们许许多多的工作要去做。

　　古代人对唐以前的历史谈不上多少研究。除了捧读已成的《史记》《汉书》之外，就不能再多说什么了。刘知几的《史通》是一部名著，我读了以后觉得他说的［都］跳不出封建框框，在一些支〈枝〉节问题上纠缠（当然也有一些好的思想）。王夫之的《读通鉴论》我未读过，不知怎样。章学诚的《文史通义》也说的［得］不着边际。清朝有些治史著名的人如王鸣盛、钱大昕、赵翼，他们都是考据家。王有《十七史商榷》，钱有《二十〈廿〉二史考异》，二书我均未读过，估计是琐屑的考证。赵翼有《廿二史札记》，我从前看过一些片段，稍好些，但也不能满意。他们用功极深，一辈子搞下来，而且都是聪明有才力的人，所以搞不出令人满意的成绩，关键是他们思想的局限性，缺乏思想武器。当然更重要的［是］，他们的阶级立场限制了他们去科学地观察历史。

中国自古以来就是一个强调历史且史学传统异常发达的国度。"孔子作《春秋》，而乱臣贼子惧。"章学诚曾说："六经皆史。"龚自珍甚至强调："周之世官，大者史。史之外，无有语言焉；史之外，无有文字焉；史之外，无人伦品目焉。史存则周存，史亡则周亡。"由此可见，历史的力量是多么的巨大。

中国古代史有太多东西需要重新研究。比如说，大到气候问题、民族问题、疆域问题、税收问题，小到姓氏、地方、家族等等。所有这些问题与今天都有关系。现在的历史研究似乎陷入了一种困境，史学刊物中出现的研究题目大多是琐碎细节，却忽略了历史中的重大课题。

"读史书要串起来读"

在中国古代史中，戴逸先生极为看重先秦诸子。读历史，不仅要知道历史上发生了什么事，而且要知道古人是怎么思考问题的。

你读书甚有进境，古人所谓日知其所无，月无忘其所能，这就是学习和复习的意思。先秦诸子思想丰富活跃，对其后两千余年的中国思想史影响极大，唯文字古奥，意义艰深，极为难读。后来更是注家蜂起，同一经文而所解不同，此亦一说法，彼亦一说法，是非争胜，盘根错节，不可骤通。我从前翻阅《四库全书提要》，说经者多至几千部，穷几十天之力，仅略知其名称、目录、作者。而于其说经宗旨，仍懵然不知，更无论其中仔细条目。大体上中国几千年哲学思想、政治思想总是掩盖着说经注经的外衣。西汉董仲舒，东汉马融、服虔、许慎、郑玄诸大师，唐之孔颖达，宋明理学以至清初王夫之、顾炎武，清中叶戴震，都是些注经说经家，甚至戊戌变法时康有为还要写《新学伪经考》《孔子改制考》作为资产阶级变法运动的根据，其流毒之深，可以想见。因此研究中国思想发展必须懂得先秦以上书（经与子），否则下边就不好懂。

读书忌师心自用，又忌墨守成规。墨守成规就是教条主义，抱着书本上的东西，不肯独立思考，被古人牵着鼻子走。东汉那些古文学家株守章句，说经三字至数万言，琐屑之至。师心自用就是不读书，光在那里空想，也是一种主观主义，像王阳明格竹子一样，非格出病来不可。这就是学和思的关系，读书和思考的关系，[如] 孔夫子所说，学而不思则罔，思而不学则殆，这两句话倒还有点道理，归根到底要在实践上验证。

来信所论一治一乱及唐之灭亡，颇有见地，可见学而肯思，进展必速。唐之灭亡，决定性还在于大规模农民战争的打击（王仙芝、黄巢）。历观中国历史几个昌盛王朝，到后来矛盾发展到极为尖锐地步，统治阶级腐朽到极点，已无法统治下去，人民的力量开始积聚成长，革命大爆发，如不经此一番荡涤，则百足之虫死而不僵，腥膻世界岂有已乎？西汉之赤眉、绿林，东汉之黄巾，明之李自成、张献忠，清之太平天国，皆此雷霆一击之力，唐之王、黄亦同于此。

1974 年冬天，一个极为寒冷的雪天，在红楼书房里，我和戴寅坐在窗下正在吃刘炎阿姨（戴逸夫人）特地为我们做的蒸馄饨。因为太好吃了，我一口气居然吃了几十个，把戴寅全家晚上的饭全吃完了。戴珂从漫天大雪中急匆匆回到家，饥肠辘辘，一看盘子空空，急了，对着我吼："你一个人把我们家的晚饭都吃了，我们吃什么？！"我嘴里塞满了馄饨，目瞪口呆，说不出话，刘炎阿姨乐坏了："不着急，慢慢吃，还有，还有。"这时，戴逸先生走进来，拿着两本书：《老子》与《墨子》，交给我们，说："读三遍。"

我和戴寅一人拿了一本书，接下来聊天的内容又有了。我们很奇怪，当时社会上正在波涛汹涌地"批林批孔""批周公"，大讲"评法批儒"，先生却偏偏拿出《老子》《墨子》，为什么？

馄饨，还在厨房里接着蒸。书房里，先生开始讲诸子百家的时代背景。先生说：

> 一般人看诸子百家没有注意到的一个要点是，先秦以前，所有的学问都在官府之中，一切思想都由官府控制，那时候的史官，既是官府中的官吏，也是学校中的老师。清朝末年的大学者章学诚说过："三代盛时，天下之学，无不以吏为师，《周官》三百六十，天人之学备矣。"他说的就是"学在官府"的情形。
>
> 东周以后，学问走向民间。那个时候，天下大乱，在官府里做官的人突然没有事情做了，都城里的文人学士们只能跑到民间，"学在官府"的局面被打破，私人办学蓬勃兴起。这个时候，就出现了孔子所办的私学，"有教无类"，教育对象不分贵贱，只要学生交上一串腊肉就可以作为学费读书了。受教育的范围扩大了，有学问的人渐渐多起来。

听到这里，我心里惭愧。在中国历史上，凡是登门拜师求教，习俗上都要交读书费用，古人有腊肉，现代人则是上学缴学费，我呢，自幼到大，每次到戴逸先生家与先生谈完事情，就坐下来一起吃饭，至今仍然如此。不仅吃，如果有好菜，戴寅、戴琛还会特地打包让我带上一些回家："这是江苏的菜，外面难见，带回家，你晚饭也解决了。"

先生在讲述历史的时候，根本不会注意到厨房中发生的事情，他接着对我解说百家争鸣的历史背景。

先生将《资治通鉴》与百家争鸣串起来说："《资治通鉴》一开始是从什么年代说起的呢？三家分晋。"

"为什么？"我问。

先生回答说：

> 读书要串起来读，一部书说的可能只是一件事、一个人、一个时期，甚至只有一个孤立事件，真正的学问是要将那些表面上看似乎不相关联的人与物联结在一起，那么，你就会发现一些新的脉络、新的观点、新的概念。比如，《资治通鉴》为什么会从三家分晋开始？一般人看到的只是混乱，而不知其中的意义，事实上诸子百家正是在那个时代产生的。

不了解春秋战国时期的历史，就无从了解秦汉以后的历史。21世纪初美国出版的六卷本《哈佛中国史》写的中国历史从秦汉开始，没有纳入春秋战国及其以前的历史。其实，秦的统一是建立在周的统一基础之上的，秦的"天下一统"同样是从周的"天下一统"中形成的。秦汉不是中国最早的统一时期。从"天下一统"的角度看，周朝是第一次，秦汉是第二次。没有春秋战国时期，就没有秦汉大一统国家的建立。

春秋和战国并没有明确的分界线，历史上公认的是，以公元前453年赵、魏、韩三家灭掉智氏，瓜分晋国为标志，史称"三家分晋"，形成了齐、楚、燕、秦、赵、魏、韩此消彼长的制衡并立格局，史称"战国七雄"。由此看来，《资治通鉴》从"三家分晋"开始是有其深意的。

正是在这一时期，在社会巨大的变化中，形成了一个相对独立自由的文士阶层，为百家争鸣提供了人才。又因为当时各个国家都在变法，都在网罗治国的人才，所以文士、思想家们针对治国的问题提出了很多主张，并纷纷去各个国家游说，阐述自己的主张，希望诸侯国的统治者可以接受自己的主张。中国古代的"士"这一阶层就是由此产生的。"士"这一阶层在中国历史上可以说是一个非常独特的阶层。

那时候的"士"独立于当时社会上的任何阶层，可以完全独立思考而不依赖于任何统治者。"士"的特点是他们有立身扬名的宏伟理想，如苏秦，如李斯，一个佩六国相印，促成六国合纵，一个协助秦始皇统一天下。古代的"士"具有坚忍不拔的毅力，如苏秦以锥刺股，如韩信受胯下之辱。更重要的是，他们都有坚强不屈的抗争精神，如毛遂自荐，如晁错削藩。另外，他们都具有气吞山河的气概，如儒士将仁义看作重于生命，杀身成仁。诸子有孔子、老子、庄子、荀子、韩非子、墨子、孟子、鬼谷子等；百家有儒家、道家、阴阳家、法家、名家、墨家、杂家、农家、小说家、纵横家等。

礼崩乐坏的社会大变革，将原本属于贵族最底层的士阶层从沉重的宗法制羁绊中解放出来，在社会身份上取得了独立的地位，而汲汲于争霸事业的诸侯对人才的渴求，更助长了士阶层的声势。士的崛起，意味着一个以"劳心"为务，从事精神性创造的文化阶层形成，在以后的历史中，汉民族的物质生活与精神生活注定要受到他们的深刻影响。这就是百家争鸣产生的历史背景。

先生说：诸子百家是中华文明最重要的组成部分，在中国几千年的历史中，只出现过一次如此大规模的思想争鸣。秦汉以后几乎所有的思想都是围绕着诸子百家的思想做一些解释注疏而已。诸子百家是中国文学与文化发展的基础。历史上，诸子百家学说完全可以与西方古典文化相提并论。

先生讲话的一个特点是，他谈历史的过程永远是跳跃性的，从一个话题跳到另一个话题，到最后，你会发现，所有的话题都在一个主题之中。他永远在提问题，从一个人物、一个历史事件中引出一些更大的问题，那些问题则又是前所未闻的大问题。他的这种思维方式，我后来在耶鲁大学和纽约大学也见到过。

先生讲述的这些历史与当时社会上正在轰轰烈烈地进行的"批林批孔批周公"活动无关，也与法家与儒家完全不同。在所有诸子中，我奇怪，为什么先生偏偏挑出老子和墨子，而不是其他诸子？读罢五遍之后，我脑海中除了老子的无为之论、墨子的绳技之说，其他一概不知所云。先生非常重视《老子》，说《老子》一书虽然只有五千字，但是对中国历史的影响非常大。比如说，汉代文景时期，曹参奉行黄老之学，采取无为之治，其根本就是缩小政府的职能。而民间发展出的道教更是影响了中国社会几千年。还有，当时社会上将汉代出现的《盐铁论》与儒法之争连在一起，先生却完全从另外的角度看。他认为，《盐铁论》是有关政府如何控制国家经济的书，是放松民间经济，还是完全由政府控制，这种争论一直影响到以后历史的发展。此外，这种争论在世界历史上也一直存在，甚至到了今天，世界各国仍然在争论一个国家的发展中政府的职能究竟是什么。

后来我看到，西方社会对中国思想史的研究也更重视老子，在美国大学教授世界思想史的必读书中，列为世界古代政治思想家第一人的就是老子。老子的"无为而治"对于西方人而言，其实就是所谓的小政府、大经济。换句话说，即管理国家的要诀之一是让市场自己发展，而不要去干涉，要给市场更大的自由度、更少的国家控制，如此才能保持经济的繁荣。总之，这是一个大题目，不仅在中国历史上争论了几千年，无论是西汉年间的《盐铁论》，还是宋代的王安石变法，或是明朝时期的"一条鞭"税法改制都是如此，即使在西方社会中至今也仍然争论不休。有一点是可以肯定的：采取政治手段控制经济发展永远行不通。

先生谈得比较多的是汉朝和唐朝

在中国古代史中，戴逸先生谈得比较多的是汉朝和唐朝，可能是因为这两个朝代在中国历史上产生的影响非常大。

有关汉朝之事，先生在一封信中写道：

> 所论秦汉历史，甚有见地，一部政治史无非是各个阶级、各种阶层和派系的利益冲突与斗争。读史能够看准隐伏在历史事件背后的各种政治力量，把握其兴替消长，这是最重要的。各种历史人物都是在这一客观舞台上活动，决不能把人物和他所代表的政治力量割裂开来。而各派政治力量又有经济利益作为背景。
>
> 你谈到东汉史上外戚、宦官、士几种势力的活动，谈得很好。我对古史仅有皮毛知识，说不上研究，目前手头也无书可查。我只凭脑中记忆，乱说几点意见：
>
> 第一，外戚、宦官、士这些政治势力代表什么利益，是不是代表地方豪族或中小地主，这是很难说的，我现在不能肯定地答复。外戚似乎和豪强有牵连，士也似乎有牵连，情形很复杂。除了经济

的利益外，力量的划分还有其他种种因素。

第二，东汉皇帝常常是傀儡，被人操纵。但尽管如此，各派力量的斗争都是在皇帝的名义下进行的。外戚很显然是因和皇帝攀了亲而获得权力，宦官正因为一天到晚接近皇帝，才有可能抓权，士（包括官僚）更是尊皇权的。东汉的斗争是在一个皇权名义之下的斗争，或者说是为了要实际上争得支配皇权而斗争。这不同于唐的藩镇（公开以地方［对］抗中央），也略异于西汉［的］豪强（西汉皇室任用酷吏以［铲］锄地方豪强，地方豪强表现为游侠一类的人物）。

第三，东汉初期，外戚势力最大，最先是马氏。但马氏时似乎没有其他势力作广重挑战，历史上没有留下剧烈争夺的记载。此后，窦、邓、阎、梁就不同了。历史上说是四氏专权，我看恰恰这四家都专不了权，因此斗争剧烈，四家的失败（最后窦武、何进也是外戚），仿佛是［因］皇权与宦官结合。

第四，宦官更是一种离不开皇权的势力。宦官出身微贱，又无文化，又无社会声誉，宦官当道常常天怒人怨，因为他们只知道镇压剥削，穷奢极侈，而没有礼义道德这一套。他们不肯也不能为长远的统治利益着想。宦官在斗争中的唯一武器是皇权，就是利用中枢地位挟持皇帝发号施令。当封建的中央朝廷未瓦解时，宦官才能发挥它的抓权作用。

第五，士和官僚在东汉从来不占优势，总是与一定的政治势力结合或依附，但他们掌握着舆论，批评朝政，东汉和明末都有这〔种〕情形，舆论是他们的斗争工具。

究竟怎样来很好地分析这些派系集团的分合变幻〈换〉，那是需要进一步研究的，简单加一个中小地主或地方豪强的标签还不能解决问题。但有一点，我们自己要站的〈得〉高一点，不要受旧史的支配，因为旧史都是"士"这个集团记载下来的，我们不能完全以他们的是非好恶来评价一切。

外戚、宦官都是遗臭万年，旧史中把它〈他〉们骂的〈得〉狗血喷头。我们当然无需为它〈他〉们翻案，但却要〔将他们〕作为一种客观的社会现象研究其产生、发展和消亡，历史科学并不是仅仅从道义上来肯定或否定某一集团，而是要从科学的意义上说明它为什么能产生、它的特点、它的活动、它的衰亡，以及它在历史上的意义。

此中复杂问题很多，治学应能善于形成自己的见解，但又不能匆忙草率的〈地〉形成成见或做出结论。此中道理希能细加体会！

先生在信中谈论历史，与当时社会上的论调完全不同，比如在一封信中谈到唐朝武则天，当时社会上将武则天归为法家代表人物，先生则完全从另外角度上看：

所论武则天事，颇以为然。武后为中国历史上唯一的女皇帝，比汉代吕后、清朝慈禧更加彻底。历来聚讼纷然。封建卫道者斥其牝鸡司晨，提倡女权者赞其女权革命，正是"千秋功罪，谁人曾与评说"。

我认为，武则天的统治是中国封建社会的重要转折点之一，地主阶级的权力统治从门阀地主迭变为一般地主。所谓门阀地主，是指地主阶级财产和政治权力的世袭制度，靠着门第高下作为政治上的进身，如南朝的王、谢、顾、陆都是南方大姓，他们世世代代把持着政权，而一般地主都挤不进政权机构里去。而唐朝初年，这种情况开始发生变化。

唐开国功臣很多是大姓出身，如裴寂、屈突通、李靖、柴绍、殷开山，就是李渊的先世也是关陇勋戚。起义过程中吸收了山东的平民土豪甚至农民（徐勣、秦叔宝等），但大族在政治上仍炙手可热，当时所谓王、卢、郑、崔几个大族，婚姻相结，对于一般地主仍采取深闭固拒的排斥态度。唐太宗是比较精明的，为了巩固统治，他懂得必须重用一些一般地主中的有才干者，因此魏征出身于道士，马周①荐拔于逆旅。这都是贞观提拔人才的美谈。实质上反映了一般地主经济势力、政治势力的崛起。科举制这时也开始采用，成为一般地主挤进政权的桥梁。

武周时，这一势头越来越突出。武则天的父亲是四川一个商人，当然谈不上是大族、门第。武则天把科举制度提到更重要地位，进士科成为做官的主要门径，从此以后一千多年，这种制度成为选拔政治人物的最重要手段。武则天这一措施，当然不是随心所欲的, 它反映了地主阶级内部力量对比的变化, 因此得到一批新兴地主拥护, 也碰到门阀地主的激烈反抗。武后时种种政治斗争, 可以用这一变化来加以考察。[2]

你来信中谈了武后统治的三个问题, 我想是不是也可用这来解释呢?

第一是杀人。武则天确实杀了很多勋戚宗室, 那都是高门大姓, 是武后的政敌。我觉得她开始杀人还不是徐敬业那一次, 而是杀褚遂良、上官仪, 这是她政治生涯成败的关键, 不用断然手段处决那些反对派(都是太宗的旧臣, 顾命大臣), 她是爬不上去的。徐敬业起兵是斗争激化, 杀人多而残酷, 把历史上遗留下来的门阀大姓, 草薙而禽狝之。因为手头无书, 我也举不出这些斗争的细节了, 但武后手段是够辣的。

第二是大兴佛法。唐初本以道教为国教, 也崇佛教, 武后时是个转变, 专信佛法, 据说武后得国, 有《大云经》的符命(《大云经》我仿佛记得就是薛怀义伪造的)。但应注意的是, 武后所尊崇的已非唐初佛教, 因为唐初佛教三大宗(吉藏的三论宗、智𫖮的天台宗、玄奘的法相唯识宗)到武后时已衰落, 代之而起的是法藏的华严宗和弘忍的禅宗。法藏是个政治和尚, 是宗教奇迹的制造者, 与武周统治很有关系, 薛怀义也可能是属于华严宗的。后来法藏参与了诛杀张柬之的阴谋(张柬之逼武后禅位, 中宗时被杀)。另外禅宗也特别吃香, 弘忍的弟子神秀是禅宗北宗的开山人, 武周时

［被］迎至长安，被称为"两京法主，三帝国师"。这两个宗派的教义比以前的佛教都要简明，它［们］的代兴可能也是适合于新兴地主文化统治的需要。从唐玄宗以后，禅宗垄断思想界，直到宋代，开理学的先河。

第三是武后在文化上确有倡导发展之功。前面说的进士科，武后确定［以］试诗赋为主，唐诗的昌盛跟她是有关系的。中国文学体裁的转折，大体上也在此时。初唐文风类似南北朝，唐诗的开先河者陈子昂是武后提拔的，其他如宋之问、杜审言（杜甫之父？祖？）、张九龄都在这时崭露头角。

当然，"百足之虫，死而不僵"，门阀地主并不是经过武后一次打击就烟消云散的，以后还有斗争。中唐以后，你是否注意到朋党问题，一次是元载、杨炎和刘晏、卢杞的斗争，一次是二王八司马（王伾、王叔文以及柳宗元、刘禹锡等），一次是甘露之变，一次是牛僧孺与李德裕的斗争。高门大族和进士科出身的人各立旗鼓，相互冲突，当然这中间夹杂着宦官、藩镇，斗争更加令人眼花缭乱。各种热闹事件都围绕着阶级和集团之间力量对比的变化而展开，都围绕着权力的再分配而展开。

手头无书，记忆不真，唐史又非所专门，这些意见仅供参考。

在另外一封信中，先生补充了一些中国历史上的佛教问题：

从你来信中知道你前些时候读了些魏晋的东西，这一段确是中国思想史上一个转折点。当时佛教虽有鸠摩罗什、竺道生、释慧远③一些名人,而总的来说,尚属于翻译介绍佛学的时期。至唐代而佛教教理大大发展,名师叠〈迭〉出,宗门林立,佛学的发展以唐代为高峰。其中唯识宗、天台宗、华严宗、禅宗都是极重要之宗派。如果要研究中国的理学,不懂一点佛学是不行的。唐以后的思想家,几乎都离不开佛教之理。你来信中说李贽信佛,其实何止李贽一人,如柳宗元(他和韩愈不同,柳懂得佛理)、王安石,特别到近代魏源、龚自珍、康有为、谭嗣同、章太炎,几乎无不都与佛学结下不解之缘。为什么呢?其中有些道理要深想一下。除了佛学有其精深处足令这些人倾倒之外,由于儒家占统治局面,这些先进思想家企图别开蹊径,均借资于佛理,结果也是走上宗教唯心主义的死胡同。

有关唐代文化问题,先生借着说范文澜一书提道:

> 对唐诗的看法,如果拿郭老(郭沫若)新著《李白与杜甫》对照,两人④观点几乎绝然不同。郭的看法实在有点牵强武断,捕风捉影,范老的看法比较平实,他所说李(白)王(维)杜(甫)代表儒佛道之说,从前封建社会中也有很多人说过,王维的七绝固然十分精采〈彩〉,但是把他与李杜并肩,我觉得还是抬高了王维的。范老讲白居易似乎评价低了一点,我觉得白居易的水平,可以比美李杜,而元稹是远远赶不上白居易的。范老强调白诗通俗平易,这

仅是形式上的，白居易诗很多讲现实问题，讲得好。

范老对韩柳看法，和现在流行的说法完全相反，他很明显地抬高韩愈而抑柳宗元，对韩愈的反佛斗争热情歌颂，而［将］柳宗元［的］地位［看得］较低，他的《天对》《天说》只间接说一下，而刘禹锡被摆在元稹、白居易下面，功绩是写了几首竹枝词，几千年历史上如石破天惊的三篇《天论》只字未提。

"搞历史，博与精的关系尤其重要"

这些信写的是读什么书，接下去则是如何读书，也就是所谓博与精的关系。

首先，谈谈治学中博与精的关系。这是一对很重大的矛盾，从来的学者都要求博大精深，所谓"为学须如金字塔，要能宽阔要能高"。渊博与精深的关系颇难解决，世间的学问是无穷尽的，人的精力有限，什么都想学，什么都想搞，势必如点水蜻蜓，搞不出什么成绩。现在大学里有一种所谓"杂家"就是这样，哪一门学问都能谈几句，哪一门也不精通；但反之，穷年累月，只搞一门，专之又专，目不旁骛，那……当然也不行。

搞历史，博与精的关系尤其重要，因为中国古籍之多，汗牛充栋，哪一段都想精通是不行的，但又不能只搞那么一点点。在博大的基础上求精通，这是十分重要的。在初学阶段，当然要通观全史，不宜立即投入某一阶段中去作专门研究。

其次，我要谈谈读与写的关系，"读"是接受前人成果，"写"

是提出自己的见解。从读到写，从某种意义上来说，有一个从感性认识到理性认识的飞跃问题。你是很勤读爱写的，但"写"要写得有讲究，更细致地写。"写"是一个分析和归纳的过程，使自己片断〈段〉、模糊的思想尽量系统、明确起来。"写"还有一个使用祖国语言的技巧能力问题，要使文字规范化、科学化。我们老一辈的人，在"写"字上不知花了多少精神，小时候，每周作文，老师批改，一个别字也不准有，写完了来来回回的〈地〉修改，最后老师改完了，还得自己用墨笔工楷誊清，记住改的地方，要求表达得通顺、流畅、精练、准确，还有必要的美化。你们只是小学毕业，在知识追求方面要求强烈，已经大大充实起来，但毕竟是自学出来的，缺乏强制性的锻炼，缺乏科班式的基本功，因此不免有兴之所至、随笔写来的缺陷，要自觉地认识到这一点，力求弥补这一缺陷。

鲁迅先生关于写文章有一段话，大意是说要改它几十遍，一个字也不能多，一个字也不能换，写一篇长篇的［文章］宁可压成中篇、短篇，一千［个］字的文字试着用三百个字表达出来。改文章是伤脑筋又｛是｝枯燥无味的事，但对每个学问家都是必经的途径。杜甫是个语言大师，他的诗说"繁枝容易纷纷落，嫩叶商量细细开"。这句诗用来比喻写文章倒很确切。"繁枝"就是文章中有水分的、不需要的、不确切的语句，这种东西最"容易"冒出来，要大段大段删除，使它"纷纷落"去，而那精华所在的"细〈嫩〉叶"

却是要"商量"斟酌反复考虑,才能慢慢产生。

这封信是源于当时我拿着一篇文章请先生批阅,兴高采烈地对先生说,我一天可以写七八千字。当时我想,如此波涛汹涌的思维与写作,先生听了以后一定非常高兴。在这之前,一天写七八千字的事,我曾经得意扬扬地对戴珂说过,戴珂睁大眼睛:"你行呀,七八千字!"因而我想,先生听到以后,也会非常高兴。结果则出乎意料,先生愣住了:"一天七八千字?"

"是。"我心中得意,脑子里想着戴珂惊讶与佩服的神态,等着先生的赞赏。

"好大本事!"

我愣住了。赞赏没有,冷水一盆。

三天之后,先生将我写的文章还给我,打开一看,一头冷汗,几页纸上,面目皆非,文章已经被改花了。先生只说了一句:"我写文章,一天能够写四五百字已经非常不错了。"

"一天四五百字。"这句话刻在我心中几十年,直到现在我才明白是怎么回事。思路汹涌与写作是两码事,书写是一个提炼凝聚的过程,一个字、一句话要表达、要包含的意义的准确性不是随意可以完成的。中国文字有许多传统的优良品质,比如,善用朴素的词汇,句子结构合乎习惯但又不求表面上的逻辑性,除了平易,还有力量、色彩和戏剧性。与此同时,更要学会修辞,诸如如何运用排比、对照、平行结构、形象化说法、节奏和音韵上的特殊效果等等。所有这些的基本条件是首先要做到清楚准确地达意。这是一个起码要求。但多少人能真正做到？清楚达意的文风其实是极其难得的。如何运用词句是一门学问。想想看，从几十个类似的字词中选出一个最贴切的字词表达一个概念谈何容易；或者说，从十几个不同角度、不同光景、不同色调的场景中挑出一个场景表达你要传递的意念又是何其难。写文章如果写得太快，很容易写飘了，写滑了。像是古人做诗，一句诗可能要花几天时间；又像是古人学习写字，废寝忘食，用尽一池水仍嫌不足。四十年后，应该是在深秋之际，西小院中，先生看完戴寅和我写的《海军，海军！》一书之后，才对我的文字功夫略加肯定。语言文字是一个民族国家的文化财富，它承载着社会与历史的记忆，具有强大生命力。一个民族的文化正是依靠着语言文字才能够延续下去。语言，唯有语言，才能给人们带来深厚的文化归属感和生存意义。文字显示出的张力，其实就是人格的张力；文字凸显出的维度，其实就是人格的维度；文字表现出的优雅，其实就是人内心的优雅。文章要写得通顺流畅，更要有节奏、有气势，让读者能够随之起舞，实在是谈何容易！当前社会对于语言的运用有些走火入魔，市面上经常出现一些低下庸俗的词句，玷污了传统语言的内涵与魅力。

我现在每天最多写不过三百字。在我脑子里，出现的不是字，而是音符，是颜色，是思维海洋中各种跳跃的符号，是各种各样的人物。你要将所有见到、想到、听到的那些细节准确表露出来，让所有读者能够理解你的思想，并从你所表达的意念中产生新的概念，这是一件多么困难的事，简直难如登天！文字是人类沟通的渠道，更是古人与今天的世界沟通的方式，如果你能够用文字打动读者的心灵，你就成功了，如果不能，你就失败了。

现在写作对我而言就是冒险。开始的时候，我会觉得是一场快乐的游戏，到后来，不是我在写书中人物，而是书中人物推着我在走。那些人物成为我的暴君，每时每刻都在抽打着我的神经。我想放弃，我想投降，那些暴君却说：你已经没有退路，你只能沿着黑暗一直走。走到哪里，我不知道，会有什么样的结局，我更不知道。直到我筋疲力尽的时候，书也完成了，我却油干墨尽，大病一场。经常是，凌晨四点钟的时候，戴寅、戴琛从天那边开启视频，乐呵呵地问："写到什么境界了？"青灯之下，我一脸忧愁，唯有一句："难，难，难！"

我不知道古今中外的文人是怎样写作的，听说有的狂饮咖啡，思路顿开，有的豪饮老酒，激发情感，有的躲在深山峻岭，抚石冥思，我却都做不到。我只是在凌晨三点之际，呆坐桌前，满眼看去，都是另外一个世界的人物与景致在眼前晃动。魔鬼在唱歌，精灵在跳舞，我无路可走。

"今天有信吗？"是当年我周围人的口头禅

我在福建读书的时候，最缺乏的是书。至于书的来源，主要还是来自北方，戴逸先生在另外一封信中说道：

你在福州，得书甚难，唯勤恳自学，无师而通，很难能可贵。戴寅寄出的《续通鉴》《明纪》二书，字体太小，于目力极不宜，你闲中翻翻尚可，认真阅读则不可，因恐伤目力。勤学故好，但身体切须注意，来日方长，不在一朝一夕。我们不久都回北京，书籍来源不虑缺乏。记得明代宋濂、清代袁枚都写过《借书记》，叙述其少年好学，得书极难，借书抄书，不遗余力。若回北京，书籍之多，汗牛充栋，观之令人咋舌。记得我20多岁第一次跑进北大图书馆一看，吓了一跳，继之以喜出望外，书籍这样多，借阅这样方便，古今中外应有尽有。我在中学时代，每天几分钱的零用，全部积起来买书，经常出入旧书摊，涉猎经史，手抄文选，还买了朱砂白芨标点明清文籍，自以为藏书不少（其实只有几百本线装书），读书不少。跑到北京一看，我的那一点点［书］等于九牛一毛，且多浮泛杂书,于学问之道根本不相涉。到北大之后,花三个多月,尽日穷夜,读完三百多卷《明史》,读时只知看热闹,什么观点方法,该读什么,不该读什么,茫然无所知。⑤至今三百卷《明史》如过眼云烟,脑中毫无印象。参加革命后始学习一点马列主义,然后知天下学问,都要以此为纲,以前的干法所谓"未见其大,不得要领"也。此中甘、苦、酸、甜只有自知。

当然,我在读书的时候,心情也有起伏,有好的时候,也有沮丧的时候,尤其是在那个年代,不知道以后将要面临的是什么。先生在信函中也多加鼓励:

> 困难可能使人消沉,但也可能使人发奋,"天助自助者"。我相信,肯于努力的人,不会被埋没。司马迁的《太史公自序》中有一段话:"西伯拘羑里,演《周易》;孔子厄陈蔡,作《春秋》;屈原放逐,著《离骚》;左丘失明,厥有《国语》;孙子膑脚,而论兵法;不韦迁蜀,世传《吕览》;韩非囚秦,《说难》《孤愤》;《诗》三百篇,大抵圣贤发愤之所为作也。"现在的时代当然不同了,但应当让锐气愈磨愈锐。
>
> "起看历历楼台外,窈窕秋星应是君"(龚自珍诗)。

先生不仅给我写了很多信,也给戴寅、戴琛写了很多信,而且时间都很固定,如果一段时间没有信,先生也会惦念,"戴寅已有二十多天未来信，着实挂记"⑥。写此信的时候，先生正在赶关于《尼布楚条约》的书稿，"要在五月内杀青，现在这部分较难弄，好比一场战争的决战阶段，时间又紧，相当费力"。

在整理先生近五十年前的信的时候，桌上平铺的那几十封信的信纸已经泛黄，纸质脆弱不堪，只有信纸上的字迹依然清晰。看着这些信，头脑突然恍惚，感觉这些信应该是昨日写的，这些信都是倾囊而出的灿烂珠宝，撒在人间。这些信中的每一个字都在跳跃闪烁着思维的光芒，这些字句仿佛不是几十年前的，而是昨天刚刚写就的，还要贴上邮票寄出去。

实在难以想象，这些信大多是先生在江西乡下养猪之际写的，是在猪圈边坐在石头上写的，是在漏雨的石头屋里蚊帐下写的，是在无止无休被批斗的夜晚写的。几十年已逝去，而这些信并非昨夜星辰，透过发黄的纸张，信中的字字句句仍然闪烁着历史与思维的光芒。

其实，所有这些信，不仅仅是我一个人在读，我周围的人都在读。无论是在福州还是在福清，平日里，似乎周围的人都在等信，"今天有信吗？"成了我周围人的一句口头禅。信一到，我看完之后，周围的人就轮着看。信的内容说古道今，文采飞扬，实在太丰富了，那些内容引出了院里院外无穷无尽的话题。现在闭眼回想，台风天里，暴雨冲刷着屋檐上的瓦片，庭院天井里，一群人围坐在方桌前，桌上放着刚从江西乡下寄来的信，大家循着信中的话题，漫无目的地谈古论今聊历史，桌子上方只有一盏昏暗的灯在风雨中摇晃。

我姑姑家前院住的是医院党委书记，她丈夫原在福建医学院担任院长，后来被发配到新疆医学院，我们都称呼他为浦院长。他也是一位非常有学问的人。夏天浦院长回到福州时，我姑姑也将戴逸先生的信借给他看。浦院长细读几遍，惊叹不已，跟我姑姑说："自古以来，有几个大学问家做过这样的事情，恐怕唯此一人！"说完之后，走出院子又转身回来，补充一句："在猪圈中，在冰天雪地里，没有任何书，他怎么记得如此之多的事情？不可思议，他头脑里就装着一整部历史！"因为那些信，浦院长特地叫我到他家阁楼上长谈，询问戴逸先生的情况。我说完之后，他拿着信，轻轻说："你说，戴逸是常熟人？""是。""你说，你到福建的路费是他给的？""是。""你说，这些信是在乡下写的？""是。"他说："这些信不是一般的信，这是一位身陷困境的大学问家对你倾囊而出的珠宝，信中展露的是一片灿烂星空。你再看这些字字句句，你看看，细细地看，然后再去细细琢磨，如此文采，如此思维，我们今天在市面上根本看不到。"他激动得在阁楼上走来走去，脚下的地板都在颤动，最后，他长叹一声："太湖之水深千尺，不及先生送你情。"我听到之后，为之震惊，这诗句改自唐朝李白赠送汪伦之诗："桃花潭水深千尺，不及汪伦送我情。"浦院长改得真好。⑦

还有那些医生护士们，她们见到我就问："有信吗？"一位妇产科医生将信借回家给她丈夫看。听说她丈夫也在大学教书，结果信借出两个礼拜都不还，我姑姑特地要了几次才拿回来。他们都把信当成宝了，相互传阅。大家都在等信，然后根据信的内容无止无休地聊天，这已经成为一景。现在想来实在不可思议。一群妇产科医生护士们，还有她们的家属们，居然一个个兴致勃勃地讨论历史。在那个年代，读这些信其实就是一种精神上的享受。为什么？因为社会上根本就无书可读。这些信带来的结果是，到后来，周围的人都按照信中所指，去找书来看。

这些信，是在凄风冷雨中写就，是在炎炎夏日中发出。四十多年后，在夜深人静的红楼里，扪心自问，自古以来，有几个大学问家做过这样的事情？

现在的人们在谈论戴逸先生的治史之途时，一般都是介绍先生对于清朝历史研究的精深，却很少有人注意到先生对中国古代史的功底之深厚。中国古代史是清朝历史的巨大根盘，如果不了解中国古代史，则几乎不可能深入了解清朝历史的脉络。从这三十六封信中，我们也只能窥知戴逸先生对中国古代史的深厚功底之一二而已。⑧

注释

①马周（601—648），清河茌平（今山东茌平县茌平镇）人，东汉马援的后人，唐太宗时期宰相。

②唐朝时期门阀与藩镇之间有着密切关系，唐朝后来的战乱也与此有关。

③鸠摩罗什（344—413），出生于古代西域龟兹国，又译鸠摩罗什婆、鸠摩罗耆婆，略作罗什，意译童寿，是东晋时后秦的一位高僧、译经家。竺道生（355—434），东晋佛教学者，本姓魏，巨鹿（今河北邢台）人，寓居彭城，官宦世家，幼年跟从竺法汰出家，改姓竺，后来从鸠摩罗什译经，是鸠摩罗什的著名门徒之一。释慧远（334—416），俗姓贾，山西雁门楼烦（今山西宁武附近）人，历史上著名高僧之一，是佛教净土宗的开山祖师，庐山莲社创始者。

④指范文澜与郭沫若。

⑤其实不是。先生在 1975 年冬天的时候，花了三个晚上同我系统地解说明朝政治体系。他认为，明朝在文官制度上几乎达到中国历史上登峰造极的地步，所以万历皇帝不上朝几十年，国家机器却依然运转如常。不仅如此，他还提到了明亡的原因，一是明朝税收制度出了大问题，二是明朝末年气候突然变冷，当时这是世界性的问题。

⑥1975 年 4 月 19 日信。

⑦原中国人民大学校长李文海也是戴逸先生 20 世纪 50 年代的学生之一，他在《传承与超越》（《清史研究》2008 年第 3 期）中回忆说：

> 戴逸同志对于清史研究所的历史贡献，主要在两个方面：一是学科建设，二是队伍建设。学科建设，不仅他自己对整个清史有着全面深入的研究，形成了一个完整的体系，而且还围绕着清代历史，设计并组织了一系列大的科研项目，如《简明清史》《清代人物传稿》《18 世纪的中国与世界》《清史编年》《清通鉴》等，所有这些重大的学术成果，无一不是在他的设计、策划以及直接组织、领导下完成的。队伍建设，更是戴逸同志极为关心并且尽心竭力去做的事情。就我的观察和体会，戴逸同志培养人才的方法，主要有三招：一是示范，二是传授，三是压担子。示范，就是自己率先垂范，身体力行，也就是我们常说的"身教"。他对学术执着追求，刻苦钻研，青灯黄卷，乐此不疲，在这样

的榜样面前，无须多说什么，只要是有上进心的学生，自然不敢偷懒，不敢懈怠，不知不觉地就会跟着去做。这是一种无声的命令，无形的力量。我想，作为学术带头人，没有这一条，只会夸夸其谈，说得再多，也是带不出好的队伍来的。传授，就是总结自己的治学经验，没有保留地告诉学生，也就是我们常说的"言传"。我当学生的时候，戴逸同志不仅亲自从头到尾给我们讲中国近代史，而且多次给我们做读书和研究方法的报告。怎样写卡片，怎样做索引，怎样确定研究主题，怎样出科研副产品，如此等等，这些科研的基本知识和技能，我都是第一次从戴逸同志那儿听来的。压担子，就是到一定时候，戴逸同志就根据学生和青年教师的个人特点，放手给他们布置任务，同时给予具体的帮助和指导，让他们在干中学，在实践中提高。这是一种最有效的办法。

⑧ 近年出版的戴逸先生的《经史札记》，就是他在"文革"时期，人间狂风暴雨之际留下的印迹，书中可以窥见戴逸先生对中国古代史的若干见解。

第三部分

关于《一六八九年的中俄尼布楚条约》的谈话

从江西回北京，戴逸做了两件事

　　1973 年冬天，戴逸先生结束了养猪生涯，从江西干校回到北京。当时我和戴寅都在北京，无所事事，相约一起到火车站接先生。到了火车站，原本以为只有我们几个人来接站，没想到原中国人民大学历史系的人几乎倾巢而出，站台上突然冒出几十个人，场面盛大，犹如欢迎王者归来。戴逸先生穿一身旧的灰色布衣，从车厢里走出来的时候，也吃一惊："来了这么多人！"戴逸先生从车厢里走出来的那一刻，意味着中国人民大学历史系转型之路就从这里开始。

　　先生回到北京以后，戴家又开始热闹起来，原本冷清的气氛一下子又恢复了往年的样子。门里门外进进出出的人多了起来，书房里经常聚集十几个人开会。那个时代的开会场景与现在不同，现在开会多有漂亮的会议长桌，桌上摆着鲜花、果盘、茶水，开完会以后，往往还要吃一顿大餐。但几十年前，有一次和戴寅在书房门外偷偷向里面窥探，只见不大的书房里坐满了人，烟雾缭绕，一个个正襟危坐，每个人前面只有清茶一杯。读书人之清贫自古而然。

　　戴逸先生回到北京后做的第一件事就是筹备清史研究小组。说是小组，其实几乎将原来中国人民大学整个历史系的编制都转到这个小组。几十年以后，新中国成立以来最大规模的文化工程：国家清史纂修工程，就从这里开始。

记忆中，红楼书房里的书桌靠着窗子，书桌非常大，上面摆满了各种各样的书籍，书桌前面摆放的灯是那种带有绿色玻璃罩的英式台灯，书桌后面是一整排高高的书架，书架上堆满了各种书籍。整个书房散发出浓厚的读书氛围，这种氛围将你带入一个完全不同的境界，在你面对各种史料的时候，就如同戴逸先生几十年之后回忆中描述的那样，面对历史：

> 犹如站在高山之巅，凝视先人们走过的那段路程，有喧嚣的朝市、血洗的战场，也有崎岖的山径、冷漠的村庄，一幕又一幕不同的历史场景显示在眼前。也如同漂荡在汪洋大海之中，政治、经济、军事、文化、外交、社会生活，众多的浪潮奔腾澎湃，一个个像雪花似地喷溅，缤纷多彩，目不暇接。更如同谛听一曲优美的交响乐，有金戈铁马之雄健，有缠绵悱恻之哀怨，有勇往直前之奋进，有神态自若之淡定，各种情感交替迸发，交织映现。

如此境界，并不是所有研究历史的人都能够体验出的，其中需要的是对历史的强烈喜好、直觉感应与理性分析。踏入那间书房的人感觉到的一般只是一堆铺天盖地、枯燥无味的原始资料，但这里，正是戴逸先生几十年做学问的地方，多少名著就是在这里写出的。

　　戴逸先生回到北京后做的第二件事，是筹备撰写《一六八九年的中俄尼布楚条约》。撰写这部书的缘由是，戴逸先生刚回到北京不久，就被邀请到外交部开会。先生奇怪，他只是一个在学校做学问的人，一生与外交无缘，且刚从乡下返城，去外交部做什么？到了那里才知道，外交部当时正与苏联就边界问题进行谈判，其中牵扯到的很多历史问题弄不清楚。三百年前，中俄两国的东段边界是如何形成的，两国关系在历史上又是如何发展的，这些是谈判的基础。如果不了解这个基础，当时的中国与苏联的整个谈判将没有历史事实根据，也无从谈起。因此，在谈判过程中，需要准确了解大量历史细节作为谈判的依据和基础。这一项工作，过去百年里从来没有人研究过，即使是在学术领域中也无人接触过，是一个空白点。因此，外交部就将这一工作交付给刚从江西回到北京的戴逸。从在干校养猪突然一跃而上，介入国家的外交领域，这种变化反差实在太大。外交部为什么将如此重要的工作交付给戴逸先生，主要原因是当时的历史学界戴逸先生是研究这一问题的合适人选。

　　《一六八九年的中俄尼布楚条约》一书的撰写缘于当时中苏边境冲突之后外交部交付的工作。但是，真正意义上的学术研究不同于政治，历史不同于现实，二者之间不能画上等号。先生在数十年治史过程中一直强调：所谓的科学研究是追求真理，阐明规律，尤其是在历史学科中，中国几千年的史学领域一贯强调的是"秉笔直书"的史德。所谓"秉笔直书"，就是要在研究中，根据历史事实，一就是一，二就是二，不隐瞒，不夸大，不溢美，不隐恶，真实地反映历史情况。自先秦以来,从司马迁、班固开始,"书法不隐""据事直书"就成为历史学的传统史德,历史上更是有"秉笔直书,悬之国门,不能增损一字"的说法。先生几次对我们提到一个著名的故事,就是发生于春秋时期的"崔杼杀太史"案。①

换句话说,要实事求是地撰写历史、评价历史人物,不能让历史学屈从于眼前政治上的需要,否则就损害了史学的真实性、准确性和科学性。"治学要有坚持真理的勇气",这句话先生不止强调过一次。为取得轰动效应而故作惊人之笔,最多只有一时之效,从长远看,则只能沦为笑柄。

什么是历史?什么是真正的历史研究?戴逸先生说:

> 历史是人类对于过去经历的回顾、认知和反思,历史学的生命在于真实性,在于还原历史的本来面目,而文史资料是人类的经历见闻的记录,是原始记载第一手的资料。历史学必须根据第一手资料才能保证真实性。否则,根据辗转传闻道听途说就会远离真实性。因此,历史研究必须收集大量资料进行精辟考证分辨。历史研究建立在文史资料的基础之上,就像鱼和水、鸟和空气一样,鱼离开水就不能游走,鸟离开空气就不能飞翔,历史研究离开了文史资料就不可能写出真实可信的历史。

先生尤其强调研究历史必须严格遵守客观性和公正性,研究历史必须要先撇开所有预设的立场和偏见,用感情代替研究既不客观,又非历史。先生在从事《一六八九年的中俄尼布楚条约》的写作过程中严格遵守了这一原则。

《一六八九年的中俄尼布楚条约》是一部篇幅不大的书，从寻找整理分析原始资料和故宫里的原始档案，到落笔撰写，先生却花了三年时间。全书虽只有 24.8 万字，但每一字句的后面却有大量原始资料作为支撑。那段时间，我每次走进戴逸先生的书房，眼前所见，一屋子都是书，到处都堆满了各种史料，有中文的，也有俄文的、法文的。书桌上同样堆满了大大小小的资料卡片。自然科学家们是在实验室中寻找答案，历史学家们则是在汗牛充栋的史料中找寻线索。

历史研究有两种方式。一种是微观研究，就是对一件历史案例进行考证，其过程精细，从每一个微小细节中寻找证据，犹如警察审视一个案件，他要做的第一件事就是从案发现场找出一切有关联的证据，包括一丝一发、一个脚印、一片碎纸，尤其是关键性的证据。与此同时，还要研究与此案例相关的背景，缺少任何一个关键性证据都会直接影响到研究的准确性。还有，就是要寻找以往出现的类似案件，加以比较研究。在这方面，戴逸先生的学生孔祥吉做出了突出的成就。微观的历史研究还需要准确的题目，如果题目选错了，整个研究方向就会走偏。先生不止一次提到过：选对一个题目，整个文章算是做了一半。另一种是宏观研究，就是在一个长时段中进行研究，从中理出一个脉络，指明历史发展的走向。在先生的前期历史研究中，《中国近代史稿》《简明清史》算是宏观研究，《一六八九年的中俄尼布楚条约》则是微观研究。有意思的是，《一六八九年的中俄尼布楚条约》是冠以北京师范大学清史研究小组的名义出版的，那是因为当时中国人民大学被解散，后来经过老书记郭影秋向中央请示，保留了学校所有教员的编制，并入北京师范大学，才会出现这种奇怪的现象。

《一六八九年的中俄尼布楚条约》虽然属于微观研究的一种，但是在我国历史上与 18 世纪的世界史上，《尼布楚条约》的重要性则非同小可。因为这个条约牵扯到整个中国边疆的走向，更意味着中国进入 18 世纪以后在近代世界历史中的地位。

现在研究历史的人，尤其是研究清朝历史的人，一般都不太关注 1689 年（康熙二十八年）发生过什么大事件，也不太关注这一条约在中国与世界历史上的意义。事实上，这个条约，是中国自秦汉以来与一个欧洲国家订立的第一个条约，是两国关系史上的划时代的事件，更是世界历史上的一个大事件。

中俄签订《尼布楚条约》，发生在 1689 年，先生开始研究论述这一条约，则是在 1974 年，其间相隔 285 年。过了将近三百年，再去探讨历史中的一个复杂条约，对研究整个清朝历史有什么作用呢？清朝前期历史中发生过各种各样惊涛骇浪般的大事件，为什么偏偏要从一个条约入手？对一般人而言，深入研究一个历史条约是一件非常枯燥的事情，至于深入整个条约的谈判过程，更是一件非常困难的事。其中最重要的问题是，从什么地方下手？到什么地方去找第一手的原始档案资料？如何弄清楚当时发生了什么事情？这些不是简单的工作，史学家们所知的

《清实录》也不是第一手可靠的史料，真正的原始史料在历史档案馆。即使掌握了所有中方的原始资料，这还仅仅是中国方面的。研究两个国家的边界谈判，不仅要知道中方的细节，还要知道俄国内部的情况，如果只是单方面阐述中国方面的细节，则恐流于偏见。毫无疑问，俄国的原始档案资料也是必备的。②除此之外，不能将一个条约孤立起来研究，而要将其放在整个历史大环境中探讨。需要探讨的问题如：整个谈判过程的历史环境和背景是什么？谈判过程中所有细节是什么？这一条约对于以后的历史走向产生了什么作用？这一条约在世界历史范围内的意义是什么？

过去的历史给现在的谈判提供了最为可靠的依据，如果没有这些依据，整个谈判就无从进行下去。而在所有史料中，要寻找出关键性的史料，也要靠运气。③

"挖掘历史细节越多，离历史的距离就越近"

1974 年冬天，我和戴寅分别从福建和山西乡下回到北京。那个时代没有现在社会上五光十色的各种娱乐活动，没有手机游戏，没有电视上五花八门的综艺节目，没有大街小巷令人眼花缭乱的娱乐场所。有的只是八个样板戏，以及报纸上充满火药味的连篇累牍的批判文章。记忆中，那个时代的颜色唯有灰与蓝。最好的场景就是每天下午 5 点，站在东单长安街高楼上往下看，一群群身着灰色服装的男男女女骑着自行车涌现在街市上的那一刻：男女一色，共攘天地。在那个时代，百般无聊之际能够做什么呢？我们唯一能够做的就是聚在一起聊天，天南海北有着说不完的故事。在雪夜漫聊之时，也正是戴逸先生赶着写《一六八九年的中俄尼布楚条约》之际。当先生停下笔的时候，偶尔也会同我们一起聊天，聊天的内容大多是围绕着约三百年前的《尼布楚条约》的事情。青灯之下，书桌之前，先生对我们讲述了有关《尼布楚条约》签订前后非常多的细节，其中的故事惊心动魄，远胜过现代人在电视上看到的任何一部历史剧。

康熙年间，中俄《尼布楚条约》的谈判原先预定在 1688 年举行，谈判地点预定在色楞格斯克④。中方参与谈判的主要成员是索额图、佟国纲，他们一位是议政大臣，一位是康熙皇帝的舅舅。这两个人，在当时都是朝廷中位高权重的人物。索额图是清初辅政大臣索尼的儿子，又是康熙皇后的叔父。他和康熙关系密切，曾经协助康熙反对鳌拜，从鳌拜手中夺回了实权。派出如此重要的人物参与谈判，足见康熙皇帝对此次谈判的重视。在西小院里，先生在一次谈话中，聊到《尼布楚条约》的时候说，当时参与谈判的中方人员中，居然没有一位汉人，这是一件值得注意的细节。

在复杂纷乱的历史大事件中，尤其要注意整个历史过程中的细节。挖掘历史细节越多，离历史的距离就越近。现代人所写的历史往往枯燥无味，缺乏质感。历史的质感恰是从细节中产生的。在《一六八九年的中俄尼布楚条约》中，先生对于此次出使有这样的描述：

一六八八年五月三十日清晨（康熙二十七年五月初二），北京德胜门外旌旗招展，人马喧腾。这一天是以索额图为首的中国对俄谈判使团启行的日子。满汉各族的文武官员都来送行，京城市民，万人空巷，纷纷赶来观看。大路两旁，人头拥挤，熙熙攘攘。使团人员衣饰鲜丽，护卫部队精神抖擞地戎装跨马，列队前进，随后的驮马行李，络绎不绝。天气已经很炎热，康熙皇帝很重视使团的派出，特派长子胤褆代替自己在清河镇设座赐茶，为使团践行。⑤

在《一六八九年的中俄尼布楚条约》一书中，对于历史大事件的细节如此栩栩如生的描述比比皆是。先生强调,历史的细节往往牵动整个历史大事件的发展。这也是先生阐述历史的一个重要特点,这一特点在《乾隆帝及其时代》中也出现过。

"为什么要选在五月出行呢?"我问。

先生解释:

> 从北京到色楞格斯克,可比你们去黑龙江远得多。你们去黑龙江是乘坐火车,三百年前只有徒步。
>
> 从北京到色楞格斯克,路程六千里,沿途大多是山岭和沙漠,人烟稀少,缺粮缺水。整个旅途需要五个月的时间,通常去的时候只有在夏天,因为到了冬天,大雪封路,根本无法长途行走。另外,派遣一个使团到那里与现代的旅行不同,现代人出门旅行,要么是坐飞机,要么是坐火车,千里之途,一天之内就可以到达。在几百年前,人们出远门,至少要走几个月,尤其是在荒蛮之地,几无人烟,因此,旅行途中最主要的就是食物。索额图、佟国纲所率领的谈判代表团有八百人之多,运输与后勤人员自然更要准备周详。食物又不能是熟食,需要携带大批粮食物资和驼马牛羊。

三百年前出门旅行要带上一大群驼马牛羊?实在难以想象。试想一下,康熙年间,朝廷中最重要的人组成的八百多人的谈判使团,各个衣着鲜丽,旅行在大漠与荒野之间,身后居然有一大群"哞哞"叫的牛羊跟随,那是一幅什么样的场景?现代人经常被电视中播放的古装剧误导，认为一个大型宫廷使团出使，一路上都是高贵的车马、华丽的服装、数不清的美食，即使饮水，也有精致的杯子，而实际情况却往往与之有天壤之别。

先生看到我们疑惑的神态，便从桌上顺手拿起几页刚刚翻译成中文的耶稣会士徐日昇的日记："看看这个，这里有更多细节。"

1974 年冬天，夜晚的狂风打在窗上发出一阵阵刺耳的声音，窗外一片漆黑。书房里，青灯下，我们翻开三百年前一位葡萄牙传教士的日记，犹如走入另外一个世界。那种景象至今仍然令人难以忘怀，或许，那是因为日记中所写的内容令人吃惊，又如此详细：

> 在这些土地上，我们生活了四个多月，忍受了令人难以置信的艰苦和饥渴。我们受苦不是因为缺少粮食，我们的粮食是吃不完的，而是因为缺乏烹调。因为这些人吃什么东西都习惯于几乎不加烹调，或者完全生吃，这是我多次目睹的。——这种办法对我们的肚子来说，只是起了不致饿死的作用。这些地方都是荒地，几乎为沙所覆盖，没有居民。——我们每天必须挖井取水。由于这些不毛的沙漠布满了烈性的硝石，所以挖出来的水是咸味的，而且气味难闻。但是那些可怜的骆驼、羊、马却趋之若鹜。我们扎营后，这些牲畜一见到我们开始挖井，就本能地跑过来，希望能有水出来，让它们解渴，它们是那样地饮个不休以至于每天必须开凿许多井来供跟随我们的两万多头牲口饮水。

三百年前从内地去东北的人一路上居然还要自己挖井取水，而那些人又是当时中国最有权势的一些人，那是什么样的景象！一边看日记，我一边想，非常可能的是，当时使团走过的路就是我们去黑龙江经过的地方，不同的是，我们乘火车，他们徒步。现代的人怎么可能会想到，饮水是当时旅途中的一个大问题。

这还仅仅是一个问题，另外一个更麻烦的问题是：

> 我们在这些沙漠里旅行的那几个月中，我们一直没有看到用来做烧柴的一根木头或一棵树。我们吃饭的时候总有一股气味，那就是烧马粪的气味。我们不得不使用马粪，因为我们需要一些可供燃烧的东西以维持生活。这件事的后果是我所不愿细说的。我们最好的美食是一种干面粉和水混成的东西，尽管有死水的臭味，我们仍觉得很好吃。⑥

一个国家的使团一路上竟然靠马粪烧烤食物！

在沙漠中旅行是这种景象，到了森林地带则是另外一番景象：

> 在黑河地区有延绵不断的迷人的森林，这一地带附近所有的地方，有好几天蚊子之多，令人难以相信。蚊子残酷地向牲畜进攻，我多次看到可怜的马儿满身尽是蚊子和蚊子轻易地吸出来的血。这些蚊子把我们折磨到这样的程度，我们之中凡是有能力的都被迫做了薄绸长衫，带有头罩，像网一样把头遮起来，戴着这些犹如织成

的盔甲行路，以对付这种害虫。——我可以说，这个地区可以很适合被称为蚊子国。⑦

一望无际的沙漠，充满马粪味道的食物，原始森林中铺天盖地的蚊子，这就是清朝康熙年间使团带着两万牲畜的出使旅途。那种经历是我们现代人根本不能想象的。20世纪60年代末到70年代初，我和戴寅、戴琛都经历过在北大荒美丽的原始森林中被铺天盖地的蚊子大军攻击的痛苦。

"这些可是真的？"我问先生。

先生站在书桌前："是，这还只是旅行，如果是打仗，比如康熙雍正乾隆时期与准噶尔之间的战争，军中所携带的牛羊更是要有几十万头之多。"

"几十万头之多？！"我无法想象那种场景：地平线上，十万大军后面跟着几十万头牛羊！

"对，那些牛羊就是旅途中的食粮。"先生强调，研究历史，第一要做的事情，就是回到历史的真正场景中，了解当时人的生活环境与习俗，而不是按照现代人的眼光妄加评论。

"那么，为什么谈判时间又拖了一年？"我问。

"好问题。研究历史最重要的就是从各种纷乱，从散落于各个角落中的琐碎细节中挖掘出更大的问题。"

先生接着谈到一个细节：索额图、佟国纲所率领的使团在7月下旬抵达克鲁伦河附近的时候，刚好遇到准噶尔蒙古与喀尔喀蒙古之间爆发战争，喀尔喀蒙古正遭遇到从西北来的准噶尔部的袭击，道路受阻，无法通行，这才将谈判时间和地点做了更改。时间，改为 1689 年；地点，选择在尼布楚。

为什么改在尼布楚？

这是历史中的一个细节，这个细节牵动了以后整个历史的发展，在这个细节中还有更多的细节。记忆中，先生当时说话的时候，在他身前的书桌上摆放着一幅巨大的地图，地图上画了大小不等的圈子，地图旁边是一堆资料。先生手指着地图说：那个时候，交通信息不便，几千里外发生的事情，至少要等一个月以后才能知道。耶稣会士徐日昇留下的日记记载，康熙皇帝在北京还没有接到喀尔喀蒙古一带发生了什么状况的准确消息就批准了谈判使团返回北京，同时派遣人员通知俄方使团约定改期会商。⑧

"这与康熙一贯的做事风格不同。为什么康熙在这个时刻会草率决定？"先生问我们。青灯之下，我茫然不知所以。这里，体现出一位历史学家对历史细节的高度敏感。我眼前所见到的只是一堆看上去互无关联的原始资料，桌上是一幅巨大的地图，时间距离是三百年，从中观察历史上一位帝王的心态活动，然后从中挑出一个关键性问题，谈何容易！研究历史，尤其是研究一个重大案例，要从分散于各种史料中互不相关的细节中寻找出关键证据，实在是一件非常困难的事，这牵扯到基本的学术素养，牵扯到思维逻辑，牵扯到分析方式，也牵扯到直觉与敏感。

　　先生指着地图上新疆的位置，说："唯一的一个原因是，当时在西北的准噶尔蒙古入侵喀尔喀，至使漠北形势大乱。"那里弥漫着恐惧与混乱。这就是当时的大环境。在这个大环境中，清朝政府在中国北方与西北地区面对着两股势力的威胁，一个是正在向西伯利亚迈进的俄国，一个是搅乱西北的准噶尔汗国。这两股势力中，俄国涉及中国两千年来第一次与欧洲国家的正面冲突，准噶尔则涉及两千年来一直困扰内地的游牧民族问题。一个是外来的威胁，一个是内在的威胁。对于俄国人来说，他们更是利用了当时蒙古部族之间发生战争的混乱局势，俄国方面认为，噶尔丹击溃了喀尔喀蒙古军队，中国内部的这一场叛乱给俄国带来了千载难逢的机会，俄国正好可以利用这一时机对喀尔喀蒙古各部强行肢解，各个击破。⑨

　　在当时的大环境中，有利于康熙的是，1682 年（康熙二十一年）南方三藩之乱已经解决，1683 年（康熙二十二年）成功收复台湾，康熙这才有精力和时间将目光转向西北疆域。

　　"历史研究中，需要特别注意时间。"这是先生反复强调的。

　　在时间上，康熙是幸运的。不过，南方平定以后，他就面对着西北地区两个急需解决的问题，第一个是俄国在黑龙江附近的推进，第二个是西北地区蒙古各部族的局势。北方蒙古各部族之间纷争不断，西北的准噶尔汗国更是突然崛起，形成对中原统治的威胁。

准噶尔蒙古的历史与"土木堡之变"

接下去，先生详细叙述了准噶尔蒙古的历史：

准噶尔是中国西北地区的少数部族，属于厄鲁特蒙古的四部之一。厄鲁特四部分别为准噶尔部、和硕特部、杜尔伯特部和土尔扈特部。四部中，准噶尔部最为强大，它后来灭掉了和硕特部，打走了土尔扈特部。

厄鲁特蒙古居住和游牧在中国西北地区的天山以北，阿尔泰山以南，西至巴尔喀什湖。明朝时期称为瓦剌，或卫拉特，外国史中称卡尔梅克。15 世纪初，明朝封瓦剌部的三个封建领主为顺宁王、贤义王、安乐王。15 世纪中叶，顺宁王马哈木的孙子也先和明王朝进行战争，在离北京不远的土木堡（今河北怀来县）击溃明军，俘获明英宗朱祁镇，这就是历史上著名的"土木堡之变"。⑩

"明朝时期发生的'土木堡之变'竟然也是与准噶尔蒙古的战争？"

"当然，这就是历史！"先生回答，并接着说：

也先虽然统治着中亚细亚的东半部，但是他却自认完全代表中国行事^⑪，后来瓦剌部衰落，向西迁移，分成和硕特、准噶尔、杜尔伯特、土尔扈特四部，"分牧而居"。准噶尔部游牧在伊犁河流域的肥沃牧场上，与中原地区、蒙古、西藏以及中亚细亚之间的贸易交往非常频繁，力量渐渐强大。到了噶尔丹时期，准噶尔部对邻近部落发动了一系列兼并战争，1678 年进军天山南麓，并吞"回部"，准噶尔部实际上控制了整个天山南北，以及青海和西藏。往西打到哈萨克，现在中亚细亚的大部分国家当时都是它的势力范围，往东袭扰整个外蒙古，往南威胁内蒙古。

"当时的准噶尔蒙古在西北疆域有这么大的势力？"我问。

先生回答说：

正是如此，准噶尔已经不是一般意义上的游牧部族，他们在伊犁一带也耕种，他们更将大规模的贸易推向整个亚细亚地区。

即使如此，噶尔丹表面上仍然服从清朝中央的命令，恭敬地接待清廷派遣去的官员，并经常遣使入贡。1683 年，噶尔丹接待清廷来的大臣时，"跪受敕书"。次年，噶尔丹派遣三千人的庞大进贡使团到北京，特地向康熙皇帝信誓旦旦地说："我并无自外于中华皇帝。""向在中华皇帝道法之中，不敢妄行。"但同时，准噶尔又暗中与俄国联系。也是在 1683 年噶尔丹派遣使团到北京之际，他听到俄国在黑龙江上游一带与清朝军队对峙，便特地派遣使团到莫斯科商谈合作事宜。噶尔丹企图借助俄国势力与清廷抗衡。

当时北京的朝廷并不知道准噶尔与俄国之间的秘密往来。准噶尔大举进攻喀尔喀蒙古与俄国的暗中支持有直接关系。

1688 年，正当清朝政府与俄国准备边界谈判之际，准噶尔蒙古在噶尔丹统治下，突然大举进攻喀尔喀蒙古，战争烽火在蒙古草原升起。其间，索额图、佟国纲所率领的使团在 7 月下旬恰好到了克鲁伦河附近。

在准噶尔军队的强大攻势下，喀尔喀蒙古战败东奔，投奔清廷，请求保护。康熙帝将其安置于苏尼特、乌珠穆沁、乌喇特诸部游牧，责令噶尔丹罢兵。噶尔丹置之不理，率兵东下，深入至乌兰布统，此地离北京只有 400 余里。整个北京一片混乱。面对噶尔丹南犯，康熙开始注意到准噶尔在西北部的动静，认为噶尔丹"此人力强志大，必将窥伺中原，不至殒命不止，岂容泛视，置诸度外"，因此，对于噶尔丹，"一日不除，则疆圉一日不靖"。康熙下令征集兵马严防死堵。

"如此说来，17 世纪的时候，在西北与中亚一带，居然有三种势力在互相抗衡。那么，准噶尔是什么时候开始与俄国有接触的呢？"我问。

戴逸先生指着地图上的西北方，说：

17 世纪初，俄国就开始与蒙古联系，当时俄国人称蒙古人为萌加人或蒙加人，最初联系是建立在贸易互市基础上的。蒙古人与俄国人保持着马匹和牲畜的贸易往来，他们要求开设类似明朝在中国边境为他们开设的那种马市。俄国人除了贸易外，还希望通过蒙古探明去中国的道路，并与中国建立通商关系。17世纪俄蒙之间频繁地互派使团，至1690年喀尔喀归附清朝之前，俄国与蒙古的关系在整个17世纪一直在加强，用俄国档案资料的话来说，就是蒙古人热衷同俄国建立"友好往来"，发展商品贸易。

在西北区域的噶尔丹一方面保持着对清廷的臣服关系[12]，另一方面也与俄国保持着密切往来。1674年至1681年，准噶尔部曾连续派遣多个使团前往俄国。尤其是到了1683年，噶尔丹派遣了一个70多人的使团前往伊尔库茨克，当时正是清朝政府与俄国在黑龙江对峙之时。俄国的戈洛文出使与清廷谈判期间，又曾提出过与噶尔丹结成"俄国—厄鲁特联盟"的设想，因而当喀尔喀蒙古围困乌丁斯克俄军时期，噶尔丹发起对喀尔喀的战争，就被认为是"俄厄联盟"的联合军事行动。在希洛克河战役中归顺俄国的蒙古人被告知，战时蒙古领主们得到消息，"卡尔梅克博硕克图汗是根据陛下（沙皇）的谕旨发动战事的，有大批俄国军队，并有大量火器大炮协同他作战"。战场上相遇时，卡尔梅克人就以皇家部队（俄军）的名义来恫吓他们。呼图克图的属员商卓特巴也向俄国使者斯捷潘·科罗文抱怨说："卡尔梅克的博硕克图汗进攻蒙古地区是同沙皇陛下的军队联合行动的。"

噶尔丹确实也利用了这一点，他致书土谢图汗和哲布尊丹巴，说"沙皇已经派出了五千名使者"，已经到了达昂嘎拉对岸，以此向土谢图汗和清廷施加压力。还广布流言，说已经同俄国结成联盟，有俄国的军队和武器援助。土谢图汗则为了得到清廷的援助和干预，频频向康熙报告这些未经证实的信息，甚至夸大噶尔丹与俄国结盟的事实，为自己发动战争制造舆论并争取康熙的支持。尽管清廷前往色楞格斯克会谈的使臣证实噶尔丹放出的是假信息，但康熙还是担心噶尔丹与俄国结盟合力对付清朝政府，为此，通过逗留北京的莫斯科使臣罗基诺夫，要求俄方不要与噶尔丹结盟。

当真相还没有露出枝桠时，谣言已经跑遍了草原。历史中，因为各种谣言而产生的重大事件层出不穷。当时的情况是：俄方无法判断清廷与蒙古之间的确切关系，俄国人很不安，他们在黑龙江一带已经被清军击败，军事力量对比上处于弱势，因此仓促慌乱地跑到北京，冒着被奚落的风险哀求媾和。按照俄国人的想法，媾和还在其次，若是清廷与蒙古部族联合起来对付俄国在西伯利亚的入侵，俄国人在远东将无立锥之地。俄国当时政治力量的重心在欧洲，不在东亚。所以，莫斯科当局对戈洛文也发出了指示，若是清朝代表不到边陲，就直接向北京派遣专门的使团送交俄中公约的文本，在北京签公约。

清廷也同样无法判断俄国与蒙古之间的关系，尤其令康熙皇帝担心的是，准噶尔与喀尔喀战争期间，准噶尔背后是否有俄国在唆使撑腰。⑬

　　这就是当时的大环境。在 17 世纪下半叶中俄冲突发生时，蒙古部落与俄国的关系就引起康熙帝的高度重视，对于清朝政府而言，这是一个变数极大且难以确证的问题。

　　喀尔喀蒙古诸部与噶尔丹开战，不仅拦阻了使团经过蒙古，还大大改变了整个边陲地区的形势。准噶尔的新主噶尔丹进攻喀尔喀诸部，试图使漠西蒙古和漠北蒙古合并，他的这种努力让清朝政府感到不安。更何况市面上有关噶尔丹可能与俄国结盟的谣言满天飞。

　　俄国人呢，他们趁火打劫，他们在为加强谈判现场的军事力量做准备。当时两国之间的谈判与现代国与国之间的谈判不同，谈判双方都有大批军队作为后盾。俄国人要求中国方面只能带 500 名士兵参加谈判，而他们的军队则有 2300 余人。俄国为了把大批军队、粮食和军用物资运往尼布楚，强征马夫，搜抢粮食，当地的蒙古塔邦古特部、多伦哈顺部一夜之间就陷入灾难之地。俄国人自认走了一步好棋，当他们最后发现中方居然带来了 2900 人左右的军队时，才大吃一惊。

　　北京方面，康熙的担心不无理由：如果准噶尔与俄国联合起来，对于清朝政府将形成极大威胁。一场艰巨的平叛战争已无可避免。俄国的侵略和噶尔丹的叛乱是互相联系的，清政府更加迫切地要求与俄国实现和平，以便摆脱两线作战的不利处境，集中力量对付噶尔丹叛军。这是中俄尼布楚谈判的一个最重要的原因。对于清朝政府而言,西北地区的准噶尔蒙古的威胁远大于俄国的威胁。

这里的危机是,如果与俄国之间的边界谈判无果,其所带来的后果不堪设想,如果解决了与俄国之间的问题,回头处理准噶尔的问题则相对容易,就不会面临两面受攻击的局面。

在历史进程中,面对各种重大危机时,经常会面临各种各样的抉择。处理得好,将国运昌顺;处理得不好,则战乱频繁,四分五裂。

面对这两个问题,康熙帝当时决定采取的策略是各个击破。他要派一支强大的军队去对付俄国人,同时设法控制住北方蒙古和西北准噶尔的局势。这两个问题,哪一个更重要?当然是要先对付俄国人,然后他就能够专心对付准噶尔问题。在这两个问题上康熙最重要的目标是赢得时间,以便完全平定整个蒙古。正因如此,康熙才决定将与俄国的谈判地点改为尼布楚,以避开准噶尔的骚扰。

这就是当时的大环境。处理得好,将对中国未来的走向有利;处理不好,将会为中国历史带来更多的灾难。从这个角度上看,《尼布楚条约》的意义就更大了。

也正是因为考虑到噶尔丹的因素,康熙在整个谈判过程中,为了避免西北区域形势恶化,才对俄国做出重大让步。

中俄《尼布楚条约》所用的语言是拉丁文

"原来 1689 年的中俄尼布楚谈判与准噶尔蒙古有直接关系？"我问先生。

先生回答道：

> 正是如此。在这个历史事件中，包含了更多的社会与国际之间的关系。对于俄国人而言，他们刚刚踏入东方，他们真正需要面对的是中国，如果与中国的谈判达不到目的，他们在西伯利亚一带就难以维持下去。对于清朝政府来说，他们面对的是如何阻止俄国在东北势力的蔓延。至于当地的蒙古族，则不是双方需要谈判的内容。这里有一个问题值得注意，当时的蒙古部落在当地也形成了一股强大的势力，为什么中国与俄国都没有将蒙古问题考虑进去？其中一个重要原因是，中国方面一开始就将蒙古问题认定为中国境内自己的家务事。在谈判之前，中国方面就发出信函："卡尔梅克人（厄鲁特蒙古，包括准噶尔在内）和蒙古人（喀尔喀蒙古）自古以来即归属于大圣皇帝，从未间断。"当时的俄国使团也承认这一

事实。⑭ 这是谈判双方最重要的一个基础与共识。如果没有这一共识，整个谈判都将难以进行下去。

说到此，先生刻意停下来："这里牵扯到更多的问题，谁知道呢？或许几十年以后，历史学家们还会在这一问题上进行更进一步的研究。"

我们听得一头雾水，"这里涉及什么样的问题呢？"

"这里涉及了中国的边疆史、民族史、文化史，如果有可能，你们应该多看一些史料。"

迄今为止，我仍然清晰地记得先生当时说话的神态，他说完之后，将手中的铅笔在桌上敲打了几次，如果我没猜错的话，先生已经将这个问题列入了他的历史思维提纲之中。五十年以后，先生又在西小院中重新提出这个问题：

三百年前，中俄两国政府第一次接触，第一次谈判签署边界划分的条约，其中出现了一个特别的历史现象：在谈判过程中，双方代表用什么语言进行谈判？中俄双方如何沟通？在整个谈判过程中，双方中立、平等的表述是谈判成功的基本条件。在谈判之地，蒙古语是当地最为通用的语言。清政府与俄国人对蒙古语都非常熟悉。不过，《尼布楚条约》所用的语言是拉丁文而不是蒙古文。这在 17、18 世纪时国家与国家之间的领土与疆界谈判案例中还是破天荒之举。不过，在中俄两国的谈判使团中，知晓拉丁文的，俄国使团中只有一两个人，中国方面则只有当时服务于清廷的两位传教士：徐日昇、张诚。

　　耶稣会士在此次谈判中起到了重要作用。传教士成为当时谈判中的重要调停者。

耶稣会士？这是一个多么神秘的名称。他们在中国明清史中，像流星一般不断出现。先生说到耶稣会士的时候，突然问我："记得你几年前问过明朝末期叶向高的事情？"

"当然。"我怎么能忘记。

先生说：

　　那时，我们只能从欧洲传来的一些小说中看到耶稣会士的身影，在我们肤浅朦胧的意识中，耶稣会士一直与控制整个欧洲中世纪的教会联系在一起。他们出没在黑暗之中，他们穿着黑色的斗篷，胸前挂着巨大的十字架，腰间系着粗粗的麻绳，头上罩着厚实的帽子，浑身上下包裹得严严实实。他们穿梭在城市与乡间小路上，走路轻捷无声，几乎所有欧洲宫廷血腥斗争中都有他们的影子，他们是欧洲历史上一群神秘的人。

先生从书桌里面抽出一叠厚厚的文稿，那些文稿是还没有翻译的法文书信："这些都是张诚、徐日昇的日记，正在翻译，这些原始文件是明末清初中国历史中最重要的档案之一。"

三百多年前的中俄《尼布楚条约》，除了牵扯到当时在西北的准噶尔蒙古，居然还有欧洲来的耶稣会士参与其中，这是多大的一盘棋！

耶稣会士，他们究竟是些什么样的人，他们什么时候到了东方世界？

先生接着说：

从明末到清朝初期，西方与中国的接触主要就是通过这些耶稣会士。到了康熙朝，参与《尼布楚条约》谈判的就有传教士，从中可以看出康熙对于欧洲传教士的重视。其实，清朝一开始就与西方世界有了接触，像是欧洲的红衣大炮，清军入关时就已经引入并参与战争。入关以后，从顺治开始，皇帝就与传教士接触。顺治与传教士之间的关系非常密切，顺治称汤若望为"玛法"，那是对父辈的很尊重的称呼。根据汤若望记载，在两年时间内，顺治去了汤若望家 24 次。汤若望在宫里医好了太后的病，得到太后的恩赐，可以自由出入宫禁，与清廷关系极好。康熙更不用说，喜欢天文、数学等西方科学技术，身边有很多传教士。康熙出征平定准噶尔的路途中，得了疟疾，那种病当时非常危险，很难治愈，弄不好会死人。外国传教士治好了康熙的病，金鸡纳霜治疗法就是那个时候由康熙推广的。到了尼布楚谈判的时候，康熙直接命张诚、徐日昇充当翻译。后来的《皇舆全览图》也是由传教士直接参与完成的。清朝初期，传教士与统治者有着非常密切的关系，相比之下，汉族士大夫在清初与传教士关系密切的不多。明朝末年的汉族士大夫，像徐光启、李之藻信仰天主教，可是清朝初期的士大夫则几乎没有。这里涉及另外一个问题。中国当时处在一个十字路口，作为统治者的满族，处在文化后进的地位，它要学习先进文化。当时，它面临的先进文化有两种，一种是西方文化，一种是汉族文化。它和西方文化接触很多，也知道它的好处，为什么没有更多地选择西方文化？这也是一个历史之谜。清朝后来完全走了汉化的道路，而且越来越汉化，这里最重要的原因是，文化的选择需要适当的土壤，清朝统治者要统治汉人，因此它选择的文化模式只能是现成的汉化。清朝初期出现的历法之争，表面上看是汤若望取得了胜利，清廷采用了西方的《时宪历》，因为它是科学的。但是从更广泛的意义上来说，汤若望失败了，而杨光先胜利了。原因只有一个，中国走的道路依然是汉族的传统道路，没有吸收西方的先进文化。⑮

从另外一个角度看，可以说，清朝一开始就面临着文化选择，一开始就面临着西方文化的影响，这是中国历史上历代王朝都没有出现的事情。民族之间的文化冲击、磨合、交流，这个过程非常不容易，往往要经过很长的时间，这个过程不仅仅有一般的民间交流与贸易，更有大规模的血腥战争。比如说，历史上佛教传入中国，也是经过上千年的时间才融合成中国的佛教。由此看来，刚进入中国不久的西方文化不可能很快被中国人接受。⑯

耶稣会士在尼布楚谈判中的作用

接下去的问题是，耶稣会士在尼布楚谈判中起到了什么作用？

先生说到此停下来，指着桌上放着的刚刚翻译出的几百页耶稣会士的日记："你们先看看这个。"当时清史所里只有两位翻译，她们翻译出的中文都手写在草稿纸上。

先生接着说：

耶稣会士来华是非常值得关注的事件。16—17世纪的中国与欧洲都发生了一系列重大事件，科技革命推动下的资本主义制度在西欧部分地区得到确立，接踵而来的宗教改革迫使天主教会内部进行了"革新"，其依靠的主要力量就是耶稣会。耶稣会把东方包括中国作为主要传教对象。1678年，在清朝钦天监任职的南怀仁向欧洲的耶稣会寄了一封信，呼吁派更多的传教士到中国。在中国期间，南怀仁非常清楚地知道自然科学知识对于在华传教的重要性，他希望从当时科学处于领先地位的法国招募自然科学家作为使者派到中国。与此同时，法国天文台台长卡西尼也提出派人到东方进行天文观测的建议。法国科学院的第一任院长柯尔贝，曾任财政大臣、海军大臣，后兼任专管王室事务的国务大臣，他对了解东方文化有极大的兴趣。柯尔贝看到南怀仁的信，认为派传教士到中国是一举多得的好事，于是积极支持卡西尼，主张派遣法国传教士到中国去。此时法国国王路易十四极想扩大法国的对外影响力，增进与远东的贸易，当即表示赞同派遣法国传教士到中国去。在这种形势下，法国国王路易十四派出有"国家数学家"称号的五名耶稣会士：洪若翰、张诚、白晋、李明和刘应，他们于 1687 年来到中国。这些传教士都学识渊博，其中，尤其以张诚做出的贡献最大。张诚等在 1688 年 2 月 7 日到达北京。那一年，张诚 31 岁。[17]

耶稣会士在尼布楚谈判中起到什么作用是一件非常重要的事情。他们不是现代国际谈判中一般意义上的翻译，他们在谈判过程中也起到了调解人的作用。[18]从那些耶稣会士留下的日记中，我们可以看到，康熙皇帝给予他们二三品官员的待遇，并将自己的衣服赏给他们。进餐的时候，他们与国舅同桌而食。在第二次出使的时候，康熙又赏给他们龙鞍衬一副。[19]而在整个谈判使团中，只有四副这样规格的龙鞍衬，一副是给索额图的，另外一副是给国舅佟国纲的。

这些说明什么呢？

一位皇帝如此举动，将自己的随身物件给那些传教士，他这样的举动只出现在给他最信任的人的时候。康熙在出征讨伐准噶尔的路上，将自己的旧衣服赐给皇太子，康熙晚年的时候，同样将自己的旧衣服赐给远在西藏的十四子，其意义就是对对方的绝对信任与寄托，同时拔高他们在政治上的地位。如此推断，康熙将自己的随身物件赐予传教士应是同样寓意。因此，在与俄国谈判过程中，那些传教士不仅仅是翻译，也是代表皇帝的交涉人。

因为是中俄两国在历史上的第一次接触，在谈判过程中，彼此充满了猜疑。中方使团从来没有与任何欧洲国家接触过，他们怀疑俄国人的一切动机。在谈判场所，中国使团看到俄国人华丽的排场，帐篷里地上铺着鲜艳的土耳其地毯，帐壁上挂着五光十色的图画，中间有金色的欧洲式写字桌，桌上放着银制杯子，就认为俄国人是以这种阔绰排场、森严等级炫耀自己的力量与权威，对中方使团施加心理上的影响和压力。[20] 因为中方在排场上显得过于简陋。为了对等起见，钦差大臣们马上命令木匠们连夜赶做出一些粗糙的长板凳。结果是，当那些板凳布置在会场时，却连坐垫都放不下。中方对于俄国的不信任也表现在，对于俄国方面送来的礼品和食物，他们都怀疑里面是否有毒，面对那些食物，钦差大臣们问传教士们："神父，他们从来不害人吗？"俄国方面同样如此。中国使团到达尼布楚时，俄国方面马上质疑：为什么不按国际惯例事先通知俄国？他们看到随同中国使团的大量军队与物资，即刻质问：是不是要来打仗？前往北京的俄国信使为什么还没有回到尼布楚？是不是被扣留在北京？中国军队驻扎在尼布楚对面，"离城太近，和国际公法不符"。单单就这几个疑问就谈了十九天。所有这些细枝末节，在在显示出双方对对方的一切举动都充满了怀疑，更不要说在谈判过程中所遇到的划分边界的大问题。

"谈判双方都有大量军队？"我禁不住好奇地问。

"你以为三百年前的谈判与现代国家之间的谈判一样？"戴逸先生反问。

至少在我想象中如此。现代国家之间的谈判通常都是谈判双方派出谈判代表团在指定的地点出席，住在豪华酒店里，会场设在公众瞩目的政府议政厅里，每天都有大量的记者随行报道。现代国家之间在谈判时，怎么可能会有几千人的军队出现在谈判现场？谈判双方如果都带着几千人的军队，可能发生的就是交战。

戴逸先生解释说：

三百年前，两个自古以来从来没有接触过的国家第一次接触，更进一步说，是两种完全不同的文明第一次接触，彼此之间自然存在猜疑。更何况谈判场所是在边远空旷的地方，周围几乎没有人烟，带着重兵保护谈判使团就成为自然的事情，这不仅仅是为了保护代表团，更是为了给对方施加压力，以求在谈判中获得最大的利益。

在整个谈判过程中，张诚做了大量的翻译工作。第三次谈判破裂时，清朝的军队已经渡河，出现在尼布楚上游的山岭上，双方进入紧急状态，剑拔弩张，战争一触即发。俄国方面意识到局势的严重性，连夜派人到中方营地要求重启谈判。

怎么谈呢，俄国方面无非是要求中方派人到俄方的帐篷去。中方则担心如果派人去俄方，万一俄方将派去的人扣押下，中国方面将陷入困境。最后的商议结果是，中方使团中国舅佟国纲委派张诚到俄国谈判代表那里单独商议，这样才将濒临破裂的谈判拉了回来，重启谈判。谈判过程中几次陷入僵局，都可以看到耶稣会士在其中斡旋的身影。由此看来，在整个谈判过程中，传教士起到了非常重要的作用。

1689年9月7日（康熙二十八年七月十四日），俄历1689年8月21日，清政府全权使臣索额图和俄国全权使臣戈洛文在尼布楚（今俄罗斯涅尔琴斯克）签订中俄《尼布楚条约》。条约内容以满、俄和拉丁文三种文字签订。条约划分了中俄两国东部边界，从法律上确立黑龙江和乌苏里江流域包括库页岛在内的广大地区属于中国。值得注意的是，中俄《尼布楚条约》是清政府第一次以中国之名签订的第一个具有近代性质的国与国之间的条约。《尼布楚条约》保障了中国东北边境一百多年的安定和平，为清王朝后来平定西北、西南地区的叛乱提供了稳定富饶的大后方，对于清朝的发展和繁荣、"康乾盛世"局面的出现，具有非常关键的作用和非常重要的历史意义。

谈判结束以后，索额图称赞张诚道："如此艰巨之事，卒能成功者，实张氏之功也。"康熙对《尼布楚条约》的签订非常满意，从他亲自到离北京八天路程的地方迎候谈判使团归来就可以看出。

"还好，我们这些生活在现代的人有机会从三百年前的那些耶稣会士留下的文字中了解当时的具体情况，对于那些细节了解得越多，就越能够挖掘出更多的问题。"先生突然将话题一转，"你们看看徐日昇日记，这是刚刚翻译出的一些篇章"，先生将书桌上的一摞厚厚的纸拿出来，摆在我们面前："然后告诉我，你们看到了什么？"

我们好奇，三百年前欧洲耶稣会士的日记居然能够摆在这里。或许这也是研究历史的好处，你总能够看到一些外面人永远看不到的东西。不过，我们看了三天之后，茫然不知所以。我们注意到日记中的各种有趣的细节，却不了解其中的含义。

研究历史的过程中，最忌讳的就是被散于各处的细节蒙蔽，或者是拿一个细节作为重要线索引申出去而导致整个研究方向的扭曲。先生见我们答不出来，便说："从徐日昇日记中可以看出，那些耶稣会士多次提到国际法，而提到已经成为国际法要素的那些原则的次数更多，诸如平等和互惠，以及在谈判中平等互惠的必要性，还有正义与非正义战争观念等。其中还包括很多细节，诸如对两国全权代表如何称呼，以及如何用拉丁文作为外交语言等。所有这些国家之间接触过程中的概念都在谈判过程中有体现，而这些国际法中的概念又都属于近代国家的概念。"

原来如此！我们根据先生的指点，接着翻阅一些资料，才发现：

17、18世纪的世界，国际法在那个时代的形成是从欧洲开始的，以雨果·格劳秀斯的《战争与和平法》（1624年）㉑和《威斯特伐利亚和约》（1648年）㉒为基础。国际法的产生必须具备两个条件：若干国家同时并存；这些国家进行交往与协作而形成各种国际关系。

先生说：

> 俄国在历史上与欧洲国家始终保持着联系，那种联系在《威斯特伐利亚和约》订立之后有了扩大。中国的情况则完全不同。在《尼布楚条约》订立之前，尽管欧洲人曾经到过中国，但是中国与西方国家却从来没有订立过任何国际协定。直到1689年的中俄《尼布楚条约》才可以说是完整意义上的中国第一部近代国际边疆划分条约。

> 康熙皇帝为什么会这么做呢？在《尼布楚条约》中，康熙在每一个细节上都愿意遵守国际法，其中包括条约的制作、签署、盖印和互换，都严格遵守了国际法，以至于在条约中加入法令，这是自《威斯特伐利亚和约》以来条约中都曾经使用过的办法。条约的正式文本使用了拉丁文也是另外一个证明。康熙之所以有此空前的创举，非常可能是因为准噶尔的问题，让他对俄国做出让步。

"这里，需要注意的是——"先生说到此停住，从桌后站起身来，在书房里来来回回走动。我清晰地记得，当时窗外突然刮起大风，窗户玻璃被风吹打得"沙沙"作响。

"1689 年之后是 17 世纪最后的十年。"先生走到门边的时候，回过头说。

"十年之后，世界进入了 18 世纪。"先生说这话的时候，已经站在窗下。"18 世纪，整个世界发生了天翻地覆的变化，当时的中国呢？"先生此时又回到了书桌前，"1689 年中俄《尼布楚条约》的签订意义是什么？中国第一次与欧洲国家接触，俄国对于中国而言，是'自古不通中国'，第一次在世界近代意义上的国家概念下进行谈判。当然，当时的康熙皇帝并不这样认为。"

20 世纪 70 年代，先生提到"国家"概念，我当时是第一次听到，但是对这一概念却没有更多的认识，直到以后，先生多次提到国家概念的时候，我才进一步问先生其中的意义。先生当时只是简单回答。对于所有历史问题，不仅仅要弄清楚过程的来龙去脉，更需要知道涉及的历史概念，或者在什么样的思维基础上观察历史。用现代人的概念不能解释历史，就如同国家概念，中国历史上的国家概念与今天世界上人们认知的国家概念完全不同。如果分不清这一点，整个研究将陷入混乱。

《尼布楚条约》签订后的两个重大事件

如果说，1689 年中俄《尼布楚条约》的签订是中国近代历史甚至世界历史中的大事件，那么，其结果是什么？

1974 年的春天，《一六八九年的中俄尼布楚条约》一书完成之际，先生又提出新的问题。

随着这一条约的签订，康熙有精力全力对付准噶尔蒙古发动的叛乱。准噶尔方面也马上感觉到《尼布楚条约》所带来的影响。1690 年，准噶尔为了进军喀尔喀，噶尔丹派遣使者去俄国见戈洛文寻求军事援助，希望俄国能够派遣两万军队支援准噶尔，但是遭到对方拒绝。与中国签订《尼布楚条约》以后，俄国已经没有兴趣再与准噶尔合作，与中国之间贸易上的利益远大于俄国与准噶尔之间的利益。

与此同时，康熙一听到噶尔丹向俄国寻求援助，立即警告俄国，如果俄国支援准噶尔攻打喀尔喀，那就意味着撕毁条约，原因只有一个：喀尔喀属于中国。由此可见，清政府从《尼布楚条约》中获益最多的是，其成功阻止了准噶尔与俄国联盟的可能性。中俄《尼布楚条约》签订以后，俄国没有再介入清政府平定准噶尔的战争之中，这对于清政府而言至关重要。

在中俄《尼布楚条约》签订一年之后，1690 年（康熙二十九年）7月 27 日，康熙宣布亲征，率军征讨噶尔丹。整体计划是：康熙命皇兄和硕裕亲王福全为抚远大将军，皇长子胤禔副之，率一路大军出古北口；命皇弟和硕恭亲王常宁为安北大将军，和硕简亲王雅布、多罗信郡王鄂札副之，率另一路大军出喜峰口；内大臣佟国纲、佟国维、索额图、明珠、阿密达等参赞军务（佟国纲参与了中俄《尼布楚条约》谈判，在此次西征中战死）；另外一支由皇帝亲自统帅。康熙请耶稣会士张诚和徐日昇随军同行。也正是因为有了《尼布楚条约》的签订，康熙对准噶尔叛乱的策略才发生了根本性的转变：由防御政策骤然转为亲征讨伐。原因非常简单：《尼布楚条约》的签订，改变了整个西北与东北地区的局势，康熙已经没有后顾之忧。

康熙亲征西北是当时清朝最大的政治事件，甚至牵扯到以后的皇位继承。㉓戴逸先生说，三百年前，康熙亲征期间发生的战事，完全是现代人无法想象的。先生说："1690 年 9 月 3 日午时，福全一行人在乌兰布统发现了准噶尔军队的行踪，马上开始围剿，你们知道当时的战争是怎么打的吗？"说到此处，先生停下来问我们。

在以往我们读到的历史小说中，古时候打仗无非就是两军对峙，鸣鼓三下，一片呐喊声中，双方军队混战成一团。整个场面遮天蔽日，血流成河。

先生说：

好，我们来看看当时康熙的远征军是怎么打的。

在乌兰布统，准噶尔军在不远处山脚下的树林里掩蔽，将上万头骆驼的脚绑在一起，万头骆驼缚足卧地，箱子压在骆驼背上，再用湿毡蒙住箱子，环绕乌兰布统小山丘形成一堵墙，准噶尔军躲在骆驼墙后面，从骆驼缝隙间射箭。

福全军用"鹿角大炮"轰然发炮，进攻开始。灌木丛中亮起一团团火球，火球划过天际飞向骆驼墙。巨大的火球腾空而起，在骆驼墙中炸起一股股血，一群骆驼挣扎而起，血肉模糊地倒下，火枪齐鸣。准噶尔军队开始溃败，在一望无际的蒙古草原上，四处所见都是烟尘、紫血、灰铁、马蹄、死去的骆驼。

"骆驼墙？"真是闻所未闻！

"对，骆驼墙。这就是当时战争的真实情况。"

时过四十年，我还清晰地记得先生讲述"骆驼墙"时的场景。先生的每一句话，都仿佛是一位导演在重新还原塑造一个历史场景，而场景中的每一个细节都是根据大量史料而来。以至于四十年后，我在写《康熙遗诏1722》之际，仍然清晰地记得那些细节。

西征准噶尔是《尼布楚条约》签订以后的第一个重大事件，康熙二十九年（1690年）、三十五年（1696年）、三十六年（1697年），康熙一共三次亲征，为乾隆时期彻底平定准噶尔打下坚实基础。在与准噶尔战争之际，康熙三十年（1691年），康熙亲自赴塞外多伦诺尔，与喀尔喀诸王公举行会盟，通过多伦会盟将喀尔喀蒙古正式纳入清朝版图。耶稣会士张诚对多伦会盟有非常详细的记载，我们现代人由此才得以知道当时的情况。从张诚日记中我们可以看到，当时康熙到塞外参加会盟时，带去了万名骑兵，七十门铜炮，那些武器是喀尔喀王公们一生都未曾见过的，这是一种威慑。康熙还带去了四头大象和数不清的马匹。对于当地的王公们，康熙赐予他们汗衔，"给了印鉴和所授权力的文件"㉔。

《尼布楚条约》签订以后的第二个重大事件是在 1718 年，康熙下令编绘《皇舆全览图》。

记忆中，当时在书房里，我和戴寅注意到先生书桌上有一部打开的地图册，当时我们以为先生是为了查《尼布楚条约》中两国的疆域划分而用的，那部打开的地图册正好翻在《皇舆全览图》一页上。

先生看到我们的眼光落在地图册上，便接着说：

就是这部《皇舆全览图》，出现在三百年前，那是一件了不起的大事件。康熙年间制作一幅全国地图与《尼布楚条约》的谈判有直接关系。如果说西方传教士在谈判中起到了重要作用，那么他们在后来制作地图中同样起到了重要作用。

这件事在中国历史上意义重大。《皇舆全览图》是中国第一幅绘有经纬网络的全国地图。此地图在中国地图发展史上具有划时代的意义，自清朝中叶至中华民国初年，国内外出版的各种中国地图基本上都源于此图。

17世纪末，中国与俄国发生边境冲突，对于如何界定双方边界产生争议。当时中国方面使用的舆图是以传统制图法绘制，粗略且不精确，无法了解边界地区的详细地理情况。耶稣会士张诚在一次为康熙讲述西方科学课程之后，把一张早已绘好的亚洲地图呈上，"打开亚洲地图指给皇上看，鞑靼地区在地图上简略不详，标绘粗漏"㉕。后来，张诚在参加《尼布楚条约》谈判时，更认为中国对东北地区地理状况掌握不清，在非常多的细节上，不能显示哪一个地方在当时是属于清朝的，在划分疆域与外交上造成困难，便在1689年和1690年两度向康熙皇帝建议组织一次全国大地测量。

这就是制作《皇舆全览图》的起源。在此中，张诚的建议意义重大。

我奇怪，一幅地图在历史上怎么会有如此重大的意义？在谭其骧主编的《中国历史地图集》中，中国历史上的每一个朝代不都有地图吗？

先生解释说，康熙时期勘定的《皇舆全览图》与历史上的所有地图都不同，最大的原因是这幅地图与17、18世纪的世界有直接关系。

在中国历史上，各个王朝都没有"领土"和"边界"的概念。伴随着历代王朝的变更，中国历史上不同时期的疆域也有变化。总体而言，在中国几千年历史中，中原王朝与周边的少数民族政权一直处在朝贡关系的架构之中，中原王朝一直以拥有"天下"自居。

历代王朝的所谓"天下"，就是将家、国、天下连称。需要注意的是，古代的国家概念与现代的国家概念完全不同。满族入主中原以后，也继承了这一概念。到了康熙朝时才出现了变化，清朝四周的疆域范围逐渐被明确下来。中俄《尼布楚条约》的签订是产生这种改变的首要原因，这种新的条约的出现使得康熙对以往历史上的疆域概念产生了新的认知，渴望对清朝版图有一个更为全面和清晰的了解。张诚的建议使康熙了解到界定清朝疆域的方法：运用近代科学的绘图方法重新界定清朝的疆域，绘制全国地图。《皇舆全览图》的制作奠定了近代中国疆域的基础。西方传教士张诚对此功不可没。

在红楼的书房里，先生说：

　　如果我们将视野放宽，站在世界的角度上看，17 世纪以前，世界各国都没有明确的"领土"和"边界"概念，从 17 世纪到 18 世纪中叶，西方各国掀起划定边界、向近代国家迈进的热潮，地图作为一种证明国家领土范围的工具开始备受重视。这一时期，英国、法国、俄国、西班牙等国都开始绘制自己国家的地图。从这一角度看，17、18 世纪的中国在民族国家问题上走了同一条路。这条路为今天中国的领土范围奠定了坚实的基础。

　　在康熙修订地图的时候，还有一件值得注意的事情，那就是欧洲热衷科学的法国国王路易十四出于对中国的兴趣，促成了这次东西合作的大规模测绘行动。

康熙帝苦于在中俄《尼布楚条约》谈判时没有准确的地图使用，就让当时在京师的法国传教士白晋回法国，请法国国王路易十四找一些懂天文、数学、制图的传教士到中国来。白晋回到法国时，巴黎天文台刚好完成了几幅地图的绘制与印刷，白晋拿着这些地图回到中国，这些地图已经使用了经纬网络来制作。这些新的制图方法对康熙产生了很大影响。

开始的时候，康熙先让传教士在北京北边的长城边上试测了一下用新的方法制图，结果确实要比康熙二十四年（1685年）下谕旨编的《大清一统志》中用传统画法画的舆图准确，于是康熙下令全国开始测绘。康熙四十七年（1708年），康熙开始让中国的官员和当时在华的西方传教士，特别是白晋、雷孝思、杜德美、费隐、麦大成、汤尚贤、冯秉正等共同主持全国各地的测绘制图，前后共花费十年时间。地图完成以后，康熙将之命名为《皇舆全览图》。这个图有画稿，有拼合图，然后刻成木刻本，再请意大利来的马国贤用硝酸盐蚀铜的办法制成铜版。地图制成以后，康熙让法国来的耶稣会士雷孝思将地图送到法国巴黎重制。当时康熙与法国关系很好，他请法国提供技术人员来帮他刻制地图，法国人刻完后再印刷。法国人印完地图以后，再把铜版送回中国。在法国，那些王室地理学家们根据此图制成《中国新图》，在欧洲出版。至此，欧洲人对中国地理概貌有了比较完整的了解。

《皇舆全览图》是中国第一次运用制图学方法进行全国性测量

而绘制的地图，规模之大、测量之精确在当时的世界制图史上遥遥领先。此外，这幅地图在地图史上还有诸多重要的历史意义，如统一丈量尺度，初次发现子午线上一度的长短因纬度高低而有差异，为"地球扁圆说"提供了最早的实证，并且首次对台湾岛进行了测量。

测量过程中采用的基本方法是天文测量法结合三角测量法及经纬度定位法，以三角测量法为主。因为在如此广大且又城镇密集的测量区域，在没有足够好的观测仪器和足够长的观测时间的前提下，与天文测量法相比，三角测量法更便利、实用。采用三角测量法与天文测量法结合的测量方法，《皇舆全览图》比已出版的所有同时代欧洲地图都要准确。

《皇舆全览图》在中国乃至世界绘图史上都有重要意义，这是中国第一幅使用经纬绘图法绘制的地图，更是中国历朝历代以来最大最全的地图，直到民国时期，《皇舆全览图》都还是地图查阅和绘制的基础资料。

通过绘制全国地图，康熙运用科学的绘图方法明确了国家的疆域，从而奠定了今天中国版图的基础。

《一六八九年的中俄尼布楚条约》出版的意义

《一六八九年的中俄尼布楚条约》完成之际，围绕书中内容的话题也聊得差不多了。

"一个《尼布楚条约》竟牵扯到这么多事情。"我听着先生的叙述，惊奇历史中有那么多意想不到的大事件。所有那些，都是后来人无法想象的事情，更不要说像我这种刚刚二十出头的人。

戴逸先生在这个话题结束之前说：

> 对于一个案例的研究，开始的时候，是从案例本身下手，但这远远不够，你不仅要知道案例本身的产生、发展与结局，还要设法了解案例牵扯出的问题。你在整个案例书写过程中，或许不需要将那些问题列出，但是你心中要知道。这就如同你站在历史审判台前，你面对的是一群知识渊博的人，对他们可能提出的一切问题，你都要了然于心。

《一六八九年的中俄尼布楚条约》一书完成于 20 世纪 70 年代，这部书是戴逸先生最重要的著作之一。其重要性在于，这部书以崭新的思维方式开创了中国研究清朝边疆史的先河，也在于该书在行文方式上有别于当时所有历史研究著述的写法。这部书出版以后，引发了史学界对于边疆史的研究。边疆史对于中国近代历史尤其重要，因为其影响一直持续到今天。

《尼布楚条约》签订于 17 世纪末，那个时期世界上发生了翻天覆地的变化，俄国开始向东方开拓疆土，西欧开始走向海洋，整个世界进入了一个崭新的时代。也就是在那个时代，中国不可避免地与世界开始了接触。

注释

① 公元前 548 年，鲁襄公二十五年，齐国的庄公因与大夫崔杼的夫人有奸，被崔杼杀死。齐国太史秉笔直书曰："崔杼弑其君。"弑与杀不同，是以下犯上。于是崔杼将太史杀了。太史的弟弟接着这样写，又被崔杼杀了。太史的另一个弟弟又接着这样写，崔杼终于不敢再杀了。当时还有一个史官南史氏，听说此事，就抱着竹简和刻刀前往，前仆后继，半路听说此事已记录在案，遂作罢。（《左传·襄公二十五年》）后人一致称赞太史兄弟的秉笔直书，文天祥在《正气歌》里，将"在齐太史简，在晋董狐笔"作为天地间正气的表现之一。

② 在谈判过程中，俄国人所带来的资料也不充分，当时俄国方面没有什么有价值的资料，还硬说黑龙江流域自古以来就是俄国的领土。实际上，从他们自己带来的俄文资料看，他们是在 16 世纪后才进入黑龙江流域的。而 16 世纪时满族就已经在黑龙江流域居住生活了。

③ 清史研究中的一个问题是，史料太多，多到铺天盖地，根本无法读尽，这与研究古代史不同，"在古代史方面，由于史料不足，许多重要事件的真实细节鲜为人知，像尼布楚谈判那样生动而具体的情节，在史书中是不多见的"（《戴逸文集·学界记往》，中国人民大学出版社，2018 年）。

④ 现在的楚库柏兴。

⑤《一六八九年的中俄尼布楚条约》，人民出版社，1977 年，第 247 页。

⑥ 约瑟夫·塞比斯：《耶稣会士徐日升关于中俄尼布楚谈判的日记》，王立人译，商务印书馆，1973 年，第 160 页。（书题中"徐日升"即"徐日昇"）

⑦ 以上引文，参见约瑟夫·塞比斯：《耶稣会士徐日升关于中俄尼布楚谈判的日记》，第 160–165 页。

⑧ 约瑟夫·塞比斯：《耶稣会士徐日升关于中俄尼布楚谈判的日记》，第161 页。

⑨《一六八九年的中俄尼布楚条约》，第 267 页。

⑩ "土木堡之变"发生在明朝正统十四年（1449 年）。土木堡是位于河北省张家口市怀来县境内的一个城堡，坐落在居庸关至大同长城一线的内侧，是当时明朝长城防御系统的组成部分。

⑪ 这里有一个值得注意的历史现象，不仅明朝时期的瓦剌部也先自认其是代表中国行事，后来清朝时期的噶尔丹也承认他们是中国的一部分。

⑫ 顺治三年（1646年），卫拉特蒙古各部首领二十二人联名奉表，清廷赐以甲胄弓矢，命其统辖诸部。到了噶尔丹时期则改变了清朝与准噶尔部的主从关系，史籍说噶尔丹对抗清朝是叛乱。

⑬ 其实，俄国知道噶尔丹与喀尔喀诸汗开战之后，马上加入了噶尔丹一方。1688年9月，戈洛文亲率俄军，倾巢而出，配合噶尔丹对喀尔喀部发动攻击。

⑭ "喀尔喀人的问题不列入和约。"参见约瑟夫·塞比斯：《耶稣会士徐日升关于中俄尼布楚谈判的日记》，第32页。

⑮ 我在20世纪70年代末写的一篇论文就直接受到先生此观点的影响。参见林健：《西方近代科学传来中国后的一场斗争——清初汤若望和杨光先关于天文历法的论争》，《历史研究》1980年第2期。

⑯ 后来，先生的这些观点都写入了《渭水集》中。

⑰《熙朝崇正集 熙朝定案（外三种）》，中华书局，2006年，第342页。

⑱ 康熙皇帝任命"葡萄牙人徐日昇和法国人张诚为拉丁文和欧洲语言的翻译"。参见《张诚日记1688》，载《清史资料》第五辑，中华书局，1984年，第80页。

⑲《熙朝崇正集 熙朝定案（外三种）》，第352页。

⑳ "我们的钦差大臣们，不懂得国际法上应有的信任，怕这些东西里下毒。"参见约瑟夫·塞比斯：《耶稣会士徐日升关于中俄尼布楚谈判的日记》，第176页。

㉑ 该书从立法的角度探讨如何消灭战争，以实现全人类的和平与幸福。格劳秀斯在书中第一次完整地提出国家主权"对内最高，对外独立"的原则，主权国家是国际法的主体。

㉒ 由神圣罗马帝国皇帝分别同法国国王、瑞典女王于1648年10月24日在威斯特伐利亚地区的两个小镇明斯特和奥斯纳布鲁克签订，从而结束了残酷且漫长的欧洲三十年战争（1618—1648）。和约是国际法发展脉络中的重要法律文献，具有里程碑意义。欧洲的世俗权威代替宗教权威，并确立了国家主权、领土完整等原则，确立了维系欧洲和平的威斯特伐利亚体系。而在此之前，中世纪的欧洲在罗马帝国瓦解后经历了漫长宗教统治下的宗教权力与世俗权力之争，航海时代的到来使欧洲进入了国际关系的新历史。西方国际法学界的传统观点认为，和约明确规定了

国家主权原则,是近代国际法诞生的标志。持有该观点的学者们普遍认为,三十年战争的结束为中世纪神圣罗马帝国画上了句号。

㉓ 先生此一观点,我在《康熙遗诏 1722》(安徽文艺出版社,2015 年)中有专门的表述。

㉔《张诚日记 1691》,载《清史资料》第五辑,第 182 页。

㉕《张诚日记 1689》,载《清史资料》第五辑,第 91 页。

第四部分

关于《18 世纪的中国与世界》的谈话

戴逸将历史小说家凌力调入清史研究所

20 世纪 80 年代对于中国来说是一个巨大的历史契机。当时，整个世界都在看中国的走向。或许，以后的历史学家们可以说，20 世纪 80 年代中国处在历史上最好的年代。在过去的两百年中，中国一直处于被动状态。而在这一时期，中国处于一个宽松的外部环境中，得以全力发展自己的经济。在此之前，则根本没有这种宽松的环境。

20 世纪 80 年代，整个西方世界都在欢迎中国的开放。中国向世界开放，世界为中国提供了市场。中国上下都处于重新起步的阶段。大学向社会上所有年轻人招手。我和戴寅、戴琛也由此进入大学，重启读书生涯。那真是一个鼓舞人心的时代。几乎是一夜之间，整个社会充满了新的希望。人们热切希望得到外面世界的一切消息，无论是经济、文化层面，还是时装、饮食层面，西方世界的一切都让人们好奇。人们议论的是如何致富，如何发展经济。邓丽君的歌声在大街小巷中回荡，打动了大江南北千千万万年轻男女的心灵：原来歌曲还有这么唱的。日本电影《追捕》通过电视转播令社会上所有的年轻人吃惊：高铁火车、充满欲望的城市、鲜亮的衣服、数不清的汽车、熙攘的街市，外面的社会竟然如此先进。以往满世界的灰色骤然间变得五颜六色。20 世纪 70 年代，年轻人结婚的梦想是三大件：自行车、缝纫机，手表。三十年以后，年轻人结婚的条件变成了房子、汽车、股票。三十年间，人们对财富的观点有了颠覆性的变化，这与中国经济的腾飞有直接关系。自 1978 年以来的 40 多年中，中国的发展举世瞩目，经济增长速度之快，在中国历史上，在世界范围内都没有先例。一个 1980 年时经济基础还如此薄弱的国家，如今跃升至世界经济前列，这是两百年前根本不可想象的事。

"铁一号"红楼里的气氛也变得热闹起来。1978 年，中国人民大学复校，清史研究小组回归中国人民大学，变成了清史研究所（简称"清史所"），戴逸先生成为研究所的第一任所长。整个学术界的气氛迎来了明媚的春天。清史研究所开始扩充，从其他院校和社会上招收了很多专家，壮大了科研力量。其中值得一提的是，清史所来了一位后来社会上出名的历史小说作家：凌力。

那是 1977 年的春天，戴逸先生家的书房里来了一位三十出头的女性客人，接待客人的是戴寅。客人手里拿着几百页的手稿，自报姓名：曾黎力。一杯茶后，客人说明来意：她写了一本历史小说书稿，希望戴逸先生能够审阅一下。两杯茶后，戴寅与客人聊得热络起来。戴寅后来告诉我，怎么也想不到，一位搞导弹发射遥测的尖端技术研究人员居然写起小说来了，而且是写历史！凌力当时带来的书稿就是 20 世纪 80 年代初出版的《星星草》。戴逸先生那时候非常忙碌，手头有做不完的计划与事情。开始的时候，书稿只是放在案头角落里，先生只想抽读几章，然而一翻开书，就放不下来了，几天之内一口气读完。先生读完以后的感觉是：

> 从选题立意，到史实运用、内容安排和人物形态描绘……都反映出作者有很高的史学修养与文学才华。说实在的，开始我并不打算从头到尾读完这么一部大作品，只想抽读若干章节。但是，读了几章以后，我却被作品吸引住了，很快读下去，几天之内就读完了全书。我过去读过一些捻军的史料，还讲过课，写过文章，但只停留在史事梗概的一般叙述上。读了《星星草》，一个个的捻军英雄形象在我脑际浮现出来，变得有血有肉，栩栩如生，使我得以共享他们喜怒悲欢的感情；我原先知道的故事梗概，充实了具体细节和生活气息，显得生动而丰满；史事有了发展、起伏、转折；各种场面千变万化，错综复杂，像一幅色彩绚丽、气魄宏伟的历史画卷展现在眼前。①

戴逸先生对《星星草》进行肯定的同时，也对作品的缺陷提出了中肯的意见。如书稿对农民起义领袖的形象塑造过于理想化，对统治阶层的人物刻画则简单化、概念化。先生在和凌力的多次交谈中说："如果你能把这次农民起义失败的原因写清楚，你的作品就更为成功了。"先生更进一步说："曾（国藩）、左（宗棠）、李（鸿章）是中国近代史上影响很大的人物，是近代军阀的鼻祖，用漫画的手法去描绘，就简单化了，而且也不真实。"后来，凌力在继续修改此书的过程中，根据先生的意见,重新阅读史料,重新写过。

戴逸先生欣赏凌力之才,将她直接调入清史所。一个专门研究清史的单位却来了个小说家,这在当时是件大事。凌力调入清史所前后曾经遭到各种非议。有人说清史所是一个研究单位为什么要将搞文学的人调入?先生力排众议,认为中国史学的一个重要特点是文史不分家,历史不是一门冷冰冰的学问,史学工作者也可以从文学工作者的想象力中获得灵感和启发。现在很多史学论文的问题太枯燥难读了,从字里行间能够看出,研究者对话题本身并没有浓烈的兴趣,文学功底又往往很差,因此论文中不见神气和文采。历史学原本是非常亲民的学科,意思就是说,你写的文章最好要有大量的读者群,而不是仅限于一个小范围之内。史学研究也需要普及化,让社会大众了解历史,而不是将史学关在阁楼中,只有很少一部分人研究历史。根据史料写历史小说其实就是一种普及。写一本历史书让社会大众能够看懂是一种本事。历史小说即为其一。

人类在社会上创造各种财富,有物质的,也有精神的。凌力倾其一生所创造的是历史文化与精神上的财富。她的所有作品,也是清史所的财富。为她开创条件的重要人物就是戴逸先生。凌力后来在聊天的时候告诉我,清史所为她开启了一扇门,让她得以自由发挥。更重要的是,在写作过程中,凡是遇到历史疑问时,她就直接请教戴逸先生,这种条件实在是可遇而不可求的。在《星星草》之后,凌力又完成了《少年天子》《暮鼓晨钟》《梦断关河》等一系列优秀的长篇历史小说,成为中国著名的历史小说家。北京大学教授洪子诚先生在《中国当代文学史》一书的有关章节中，论及长篇历史小说的兴起时，将凌力的《少年天子》与二月河的《康熙大帝》、唐浩明的《曾国藩》、刘斯奋的《白门柳》并举，肯定它们都是长篇历史小说创作中影响很大的作品。文学评论家曾镇南说，在新时期文学长篇历史小说的发展中，公认的三大家有：姚雪垠、凌力、唐浩明。

凌力进入清史所以后，与我家关系密切。她不住在"铁一号"，而是住在外面，每次到所里开会之际，经常到我家坐坐聊天，我们由此而熟悉，到后来更是山南海北无所不谈。谈话的内容都是历史与写作。记忆中，凌力一直鼓励我写作："人的一生，最重要的是，做你真正喜欢做的事情。"后来的数十年中，我所写的文学一类的文字，她都是第一个读者。如果文中有新意，或有可读性，凌力就帮着介绍给出版社。即使后来她在重病中，我写的文字，她依然仔细审阅，提出各种意见。

凌力是将门之女。90 年代，在物质欲望充斥的经商大潮中，她不为所动，仍然孜孜不倦地写作。

在我的印象中，凌力每天的生活基本上都是去收集、阅读、抄录史料，早上往包里塞几块面包，带瓶水，就出门了。凌力的生活简单质朴，她一生追求的不是物质奢华，而是精神与文字。最后，她用文字在文化领域中创造了无限精致与繁华，她的所有作品都成为社会的宝贵文化财富。

"清朝历史无法避免地与世界历史交融"

清史研究所成立以后，在戴逸先生的主持下，完成了一个又一个的研究项目，无论是两卷本的《简明清史》，二十卷本的《清代人物传稿》，《中国历史大辞典·清史》，十二卷本的《清史编年》，还是二十卷本的《清通鉴》，都在社会上产生了巨大影响。一般而言，一套书的主编并不直接介入书籍的编撰，戴逸先生则不同，他直接参与编写，尤其是《简明清史》，其中的许多篇章都是他直接撰写。《简明清史》出版后，被国家教委指定为大学文科教材，并被评为全国优秀教材，获"吴玉章奖"。《清通鉴》获"中国图书奖"。这些著作都是 21 世纪初期开始的国家清史纂修工程的基础与前奏。除这些著作外，先生最引人注目的著作是他主编的九卷本的《18 世纪的中国与世界》。

《18 世纪的中国与世界》的立项是在 1992 年，整套书问世则是在八年之后，其中包括导言、政治、军事、边疆民族、经济、农民、社会、思想文化、对外关系一共九卷，200 多万字。当戴逸先生将《18 世纪的中国与世界·导言卷》从书架上取出，签名，然后交给我的时候，刘炎阿姨站在书架边说："这本书有很多新的思维，不过要慢慢读。"

记得那时也是冬天：1999 年 12 月。我之所以清晰记得这个日期，是因为那一天戴琏请我们吃烤鸭，地点是北京最出名的烤鸭店。吃完之后，戴逸先生问："这一顿要多少钱？"账单摆上来时，我们都惊住：380 元。那一顿饭，不是在包间里，是在大堂中，餐中也没有酒水，怎么会如此之贵？戴逸先生摇摇头说："这种饭我请不起。"这句话我久久难忘。

几十年中，先生每出版一本书，都会亲自签名给我一本以作纪念。对于先生的每一本书，我都是先快读一遍，然后再细读。读完之后，再列出问题问先生。这也是多年的习惯，红楼的书房是先生读书写作的空间，也是我与戴寅、戴琏读书问问题的课堂。

读完第一遍《18 世纪的中国与世界·导言卷》后，脑子里出现的第一个问题是，历史为什么要这样写？

其实，这个问题在书中也提到了。《18 世纪的中国与世界》与以往的史书有很大不同，国际 18 世纪研究会主席约翰·施洛巴赫（Jochen Schlobach）说："中国的历史编纂学长期以来并没有像欧洲那样将 18 世纪视为一个独特的历史时期。中国历史或依照更大的'单元'，即以朝代来划分（18 世纪便属于清王朝），或以更小的'单元'，即帝王的统治时期来划分（如 18 世纪分属于康熙朝、雍正朝、乾隆朝）。欧洲在这一时期的术语之一，比如说'启蒙时代'，似乎不适用于中国历史。"

通常而言，对中国人来说，研究中国史一般是按照朝代兴替划分，比如秦汉史、魏晋南北朝史、隋唐史、宋元史、明清史等，"二十四史"

就是最好的佐证。20 世纪 50 年代以后，研究中国历史则按照原始社会、奴隶社会、封建社会、资本主义社会来划分。依照这类划分方法，人们通过识别历史演变中的每一个标志过程考察历史在时间与空间上的共性和特性。

《18 世纪的中国与世界》却打破了这一规则：时间上，将中国定位在 18 世纪的一百年里；空间上，将中国纳入世界历史范围内。这套书有别于社会上常见的国别史和断代史，而是按照政治、军事、边疆民族、经济、农民、社会、思想文化、对外关系等范畴，对这一时期的中国进行宏观的、综合的历史分析。这在中国史或清史研究中并不多见。

先生说："清朝历史与以往的朝代不一样，它自始至终与世界历史保持着联系，你必须在世界历史的背景下观察中国，必须了解当时西方人对中国写了些什么，说了些什么，做了些什么。"[2] 这正是清朝历史与以往中国历代历史的一个最大不同特点。在 18 世纪，中国历史无可避免地被纳入世界历史的潮流。

正是因此，约翰·施洛巴赫认为，《18 世纪的中国与世界》的问世是"一件具有里程碑意义的事情。这部著作定将为这个时期的研究奠定基础，并开创对其特征的充分探讨"。约翰·施洛巴赫提出，《18 世纪的中国与世界》的出版，"将极大地推动中国学者对这一时期的研究；这一时期对于当今时代的价值和重要性绝不仅仅限于欧洲"。[3]

看完《18 世纪的中国与世界·导言卷》后，我的最强烈的感觉是，编撰这套书实在是太困难了。编撰这套书，需要用一种全新的方式、角度、思维研究历史，这涉及研究者的知识结构、思维方式、文字功底，更涉及对于世界历史的全盘掌握。以往的中国史研究都是站在中国的立场，以中国本土为主体对象，这套书则站在世界范围内对中国进行研究，观察角度变了，研究过程及结果恐怕也与以往任何一种研究都不同。以前陆陆续续看过英国学者李约瑟主编的七卷本《中国科学技术史》，那套书从 1948 年向剑桥大学提交写作计划开始，历时 45 年才完成七卷三十四册。那是一套真正了不起的书。那套书不仅为世界读者打开了一扇了解中国历史的大门，也提出了一系列至今仍然争论不断的问题，那些问题对今天中国的发展与世界有直接关系。同样，细读《18 世纪的中国与世界》，你也会感觉到这套书对今天的中国有深远意义。

选择 18 世纪的世界历史作为研究对象，但是焦点还是 18 世纪的中国，却不仅限于中国，而是力求把中国史放在世界发展的背景中加以考察、比较，这就改变了将中国史与世界史分隔和孤立研究的习惯。"中国是世界的一部分，只有把中国放在世界的坐标系中，才能认识中国的真实地位和状态，而世界又必须包括中国这样大的有机部分，如果抛开了中国史，世界史就不是完全的真正的世界史。"④

从这个角度看，戴逸先生选择 18 世纪的中国与世界这一课题，可以说是史学界的一个开创性研究，打开了新的视野，走出了新的道路。

18 世纪是一个时间概念，18 世纪是世界历史的分水岭。在这个特定的时间阶段中，人们一般知道的是欧洲的工业革命。从 18 世纪开始，人类现代化拉开了序幕。这是一个重大哲学政治理念迸发汇聚的时代，是走向科学化的时代，是铁路与工业的时代，是世界上各大陆板块之间大规模移民的时代，更是民族主义和欧洲帝国主义向全球扩张的时代。而在现在的人眼中，18世纪却已变得遥远而陌生。大多数人不关心历史，只关心眼前发生的事情，人们不知道的是，现在所发生的一切，都与过去的历史息息相关，都是过去发生过的事件的延续。不了解过去的历史，则将无法理解现在正在进行的事情。

18世纪世界上发生了什么事情？法国的路易十四在凡尔赛宫向世界展示了法国的国力，俄国的彼得大帝建立了改变整个俄国历史的政权，美国的乔治·华盛顿领导了独立战争并建立了美利坚合众国，中国的康熙皇帝对西北准噶尔的平定奠定了以后中国的版图。也是在18世纪，牛顿对现代科学的进展做出了耀眼的贡献，洛克完成了政治思想的奠基之作。这些人与故事构成了一幅全新的图景，现代所谓的"全球社区"正是从那个时代开始了它的步伐。

先生说：

> 18世纪的世界历史中，最为鲜明的对比是，西方世界突然开始加速前进，航海业的发展冲破了人们之间的空间隔阂。探险家、商人、传教士足迹遍天下，殖民主义伸向世界的各个角落，中国和西方在迅速靠近，古老的中国文明和近代西方文明猝然相遇。西方的发展，犹如脱缰之马，腾跃飞驰，一日千里，迅速地脱离传统社会，相形之下，中国犹如龙钟老人，缓慢迟滞。一个是资本主义的

青春，一个是封建主义的迟暮。

在 18 世纪那种历史大环境中，清朝最大的特点是什么？这是戴逸先生在书房里对我提出的另一个问题。记得那是一个明媚的春天，整个书房里充满了新鲜气息。

我回答不了。

先生说：

> 清朝历史最大的一个特点是：中国无法避免地与世界历史交融在一起，这种交融是通过条约——中俄《尼布楚条约》，是通过贸易——开始的时候是与英国之间的贸易，是通过战争——与英国、法国，到后来与整个西方列强。这是一个痛苦的融合过程，在这个过程中，中国被西方国家打得抬不起头来，这就是中国近三百年的历史。

我还没有来得及细想，先生话题一转，又引申出另外一个问题：18 世纪是欧洲的启蒙时代，那个时代的启蒙运动以理性的思维将人们从宗教神学和封建主义的蒙昧无知中唤醒，使社会大众挣脱了宗教神学的精神枷锁，从封建制度下解放出来，追求政治民主、权利平等、个人自由，努力构建一个民主和科学的美好时代。启蒙运动更为美国独立战争和法国大革命提供了框架，导致了资本主义的兴起。而当时的中国呢？中国在那个时期经历了什么？18 世纪的中国在世界历史中占有什么样的地位?

如果记忆不错的话,这个问题,先生是在灰楼的办公室里提出的。那个办公室更为简陋,除了一排书架,一张书桌,还有隔壁的一张床之外,别无他物。20 世纪 90 年代,先生经常在这里读书写作,可能是红楼里进进出出的人太多了,直接影响到先生的工作,先生才将大部分的工作时间放在这里。那个时候,高墙外面已经是滚滚的经济大潮,放眼望去,繁花似锦。而在这里,仍然是书,书,书。我惊讶,二十年前,在江西干校养猪的日子里,先生在读书;现在,在充满物质欲望的大千世界里,先生仍然在读书。

书房里,先生说:

> 现在的人们注意到 18 世纪是欧洲的启蒙时代,注意到海洋世界成为西方世界竞争的场所,注意到 18 世纪清朝从盛世走向衰落,却没有注意到俄国向西伯利亚的扩张,美国向西部的扩张,清朝平定西北地区的准噶尔蒙古,这是当时世界上最重要的事件。这三个国家的发展直接影响到今天世界的走向。因此,对今天世界的理解,势必要追溯到两百年前,研究的范围则包括过去两百年间世界范围内不同大陆板块间的变化与互动。

三百年前,三个国家:中国、俄国、美国,研究 18 世纪,必须注意这三个国家。这个观点是戴逸先生在 20 世纪 90 年代中期提出来的。这个观点牵扯到对清朝历史的整体认知与研究,进一步说,牵扯到过去三百年世界历史发展进程中的关键问题。如果对那段历史有深刻理解，那么，对现在的世界格局也会有更明晰的认知。

外面的世界已经翻天覆地，但红楼依旧。每次我来到这里，都感觉到这里与外面热闹的世界不同。在大红门外，人们议论的是如何发财致富，在这里，仍然是四壁古籍，别无他物。走入书房，你完全感觉不到任何物质上的变化，所有的变化只是书架上不断新添一部部先生新写的著作，还有越堆越多的书。书架已经不够，更多的书堆在书桌上、角落中。不变的还有，这里仍然热闹，客人仍然络绎不绝地进进出出，谈论的内容仍然是历史。

18 世纪时的美国

20 世纪 80 年代初,一些美国的西部电影引进中国,引起了巨大轰动。《关山飞渡》中出现的美国西部新墨西哥州的蛮荒之地、陡峭的山谷、纪念碑式的岩石、木头搭建的小镇和酒馆、奔腾的野马和大篷车令人遐想联翩。《西部往事》中的场景将人们带回 18 世纪美国西部的激动人心的铁路时代:漫天黄沙的荒漠中,一个流浪无名的吹口琴牛仔,一个被通缉的匪徒,一个奸险狠辣的阴谋家,一个纠缠于三者之间的美艳女郎。对大多数美国人来说,乃至对世界上许多人来说,美国西部牛仔是具有英雄主义和神秘色彩的人物。在美国西部电影中,牛仔通常都头戴墨西哥式宽沿高顶毡帽,腰挎柯尔特左轮连发手枪或肩扛温彻斯特来复枪,身缠子弹带,穿着牛仔裤皮上衣,以及束袖紧身多袋牛仔服,足蹬一双饰有刺马钉的高筒皮套靴,颈围一块色彩鲜艳夺目的印花大方巾,骑着快马风驰电掣,形象威猛而洒脱,那是一种代表了典型的个人主义和自由精神的外在装束。今天世界上流行的牛仔裤正是 19 世纪美国西部淘金热的产物,它成为美国文化的一个重要标志。

20 世纪 70 年代末,能够搞到一张美国西部电影的电影票算是一件大事，那些电影让所有的中国观众第一次了解到美国早年的故事。记忆中，我和戴寅在那个时代，拿到两张《关山飞渡》的电影票，午夜跑到东单历史博物馆赶场，那种兴奋的心情是现代青年人难以想象的。

其实，美国两百多年的历史中的大部分内容就是18世纪开始的西部拓殖史。美国的边疆扩张从1783年独立战争结束以后就开始了。独立战争时期，美国只有东部的13个州，人口不到400万，土地面积89万平方公里。英国因战败而将阿巴拉契亚山以西、密西西比河以东的土地让给美国。由此，美国开始了强劲而持久的"西进运动"。美国西进的动力是夺取土地。领土范围是一个国家的基石。《18世纪的中国与世界·导言卷》中有这样的描述："独立战争后美国西部人烟稀少的广大地区得以开发，这对土地投机家是极大的'福音'，而美国政府由于负债累累，以廉价出售不费力气取得的大块土地，每块达640英亩，这正好符合土地投资家的利益。由此便形成一股又一股抢夺土地和向西部推进的浪潮。"⑤1783年美国独立战争胜利后，其广袤的西部地区亟待开发。为吸引民众，美国联邦政府和各州政府纷纷制定了相应的法规，开始了长达百年的西部移民。美国的西进运动不仅是领土扩张运动，同时也是大规模移民及开发西部的运动，其为美国能迅速成为世界上第一流的强国奠定了坚实的基础。没有西进大开发运动，也就没有今天的美国。西部运动塑造了现代的美国，也形成了美国的民族精神。涌向西部的都是些什么人呢？他们中的部分是一般的贫民，更多的是冒险者、投机者、资本家。他们每个人都希望自己能够尽早过去抢占土地和资源。

《西部往事》电影中有一个镜头：冰天雪地中，一队大篷车缓缓出现，车上是妇女儿童，他们面前没有路，没有人烟，有的只是悬崖峭壁、漫天大雪，他们的目的地是遥远的西部，他们听说西部有美丽的海滩和从未开垦过的土地，更有黄金。

那个镜头令人久久难忘。虽然那是电影中的场景，但确确实实体现了美国过去两百多年历史中的真实场面。20世纪80年代，我开车经过内华达州西北部，到了与加利福尼亚州毗邻的一座小镇维吉尼亚城，才亲身体验了电影中的场景。那里的小镇建筑保留了淘金热时期的原貌，临街的旧式房屋，木质人行道，两侧各具特色的商铺、酒吧、咖啡厅等，仿佛一下让时光倒流回19世纪淘金热时期。

那里有一个叫俄勒冈小径（Oregon Trail）的地方。那就是两百多年前美国西部大开发的始点。自从坎伯兰隘口这扇通往西部的大门被打开，美国便开始了从大西洋走向太平洋的西进运动。和东部那些已经被英国人经营了一百多年的地区不同，在茫茫的西部，充满了野性。在望不到尽头的大平原上、终年积雪的落基山上、炎热无水的沙漠里，除了以往西班牙或法国人留下的稀稀拉拉的据点以外，只剩下骁勇善战的印第安游牧部落。在西部荒原上，没有道路，直到后来拓荒者们到这里以后，一条条小径才被无数的先驱者用双脚、马蹄、大篷车踏了出来，成了美国这段历史的见证。在这批小径中，最著名的便是通往美国本土西北部的俄勒冈小径。

俄勒冈小径东起圣路易斯，经过今天的密苏里、堪萨斯、内布拉斯加、怀俄明、爱达荷等州，到达今天俄勒冈州波特兰附近的温哥华堡，总长约 3500 公里。它沿途经过了密西西比河流域的平原、内布拉斯加和怀俄明州境内的草地、美洲大陆的分水岭落基山脉、蛇河和哥伦比亚河的玄武岩平原等不同的地形区。

俄勒冈小径的早期历史可以追溯到美国历史上的一次伟大探险：刘易斯和克拉克的远征。1803 年，美国从拿破仑手里买下了法属路易斯安那地区。印第安人是路易斯安那最早的居民，16 世纪欧洲探险者初抵该地。1682 年，法国殖民者控制了这一区域，法国国王路易十四将此地命名为"路易斯安那"。自 1699 年起，法国殖民者在该地建立了多个殖民点。后来，法国将整个路易斯安那领地以每英亩 4 美分的低价卖给美国，史称"路易斯安那购地案"。再以后，美国政府从路易斯安那领地中先后划分出 15 个州。

对于这片新的领土，美国人知之甚少。于是，美国总统杰斐逊派出了梅利韦瑟·刘易斯和威廉·克拉克两位军官，带领一支探险队去考察这片广大的区域。

1804 年，刘易斯和克拉克的队伍从圣路易斯出发，沿着密苏里河逆流而上，进入了未知的荒原。在随后的两年时间里，这支探险队克服了重重困难，经历了各种危险，圆满地完成了任务，也留下了各种各样或动人或荒诞的传说。

1806 年，探险队回到了首都华盛顿，刘易斯和克拉克都成了英雄。他们不仅为美国带回了关于西部的珍贵资料，还替美国宣示了在北美大陆腹地以及西北部太平洋沿岸的主权。更重要的是，他们出版的旅行日记，为美国人详细讲述了西部荒野里的种种商机。这其中最吸引人的，是生活在西北部河流里的河狸。

从 17 世纪开始，北美的河狸就在历史中扮演起重要的角色。河狸毛皮做成的衣物在欧洲上层社会很受欢迎，可以卖出很高的价钱。遍布北美洲的众多河狸，曾经吸引了法国人、荷兰人乃至俄国人到北美洲进行殖民贸易活动。在刘易斯和克拉克的日记里，明确记载了西北的俄勒冈地区还生活着许多的河狸。在商人的眼里，河狸就是金钱。于是在 1810 年，纽约的毛皮商人约翰·雅各·阿斯特（John Jacob Astor）组建了太平洋毛皮公司（Pacific Fur Company），准备去遥远的蛇河 – 哥伦比亚河流域进行开发，同时猎取河狸毛皮。

1811 年，太平洋毛皮公司派出一支先遣探险队去开发俄勒冈。这支探险队的领队叫威尔逊·普莱斯·亨特（Wilson Price Hunt），在太平洋毛皮公司成立之前，他就已是阿斯特手下的得力干将了。亨特在重赏之下，招募了一批勇夫，开始了西征之旅。

作为最受欢迎的西进线路，俄勒冈小径逐渐热闹起来。一座座据点和小镇的建立，标志着这条长距离路线的成熟，也标志着它更加安全。实际上，在所有的西进路线中，俄勒冈小径是受印第安人威胁最小的一条。各条支线的打通，也标志着西部最初路网的形成。许多支线的终点，后来都成了著名的城市，比如盐湖城、丹佛、比灵斯、拉勒米、萨克拉门托等。

在理想和现实的双重驱使下，很多普通百姓拖家带口，涌向了俄勒冈小径。最初，他们驱赶的是曾经在开发东海岸过程中发挥过重要作用的康尼斯托加马车，这种设计独特的水陆双栖马车在西进的初期立下了汗马功劳。但到了后来，康尼斯托加马车相对笨重的车身已经无法满足西进先驱者们在落基山上的需求。为了每天能在凹凸不平的地面上赶更多的路，拓荒者们发明了一种轻型的新式马车，被称为"草原帆船"。这种由帆布覆盖的马车比康尼斯托加马车体型小了很多，但它速度快、灵活，适应崎岖的地形，成了俄勒冈小径上最常见的交通工具。

在西进运动中，早期的美国人认为：向西扩张，是去开发自己的土地，是执行上帝的旨意。美国人的命运，是受上帝保佑的。世界的未来，必将是属于美国的。这种思维最后形成了"天定命运"的理念。基于这种理念，他们向西部开发就有了理论依据。

自从坎伯兰隘口和荒野之路开通以来，美国人逐渐形成的那种对荒野和自由的向往，最后成了美利坚的民族性格，增强了美国这个新生国家的凝聚力和自信。

美国政府直接支持了西进运动。贫穷的人们向西而去，帮助国家稳定边疆，同时又减小了东部发达地区的社会矛盾，何乐而不为。为了让更多的人西进，政府制定了激励政策：西边的土地可以低价出售给垦荒的人，当一个区域有了人，政府就会派出考察队进行测量规划，建立领地；当领地的人口达到一定数目后，就可以加入联邦，成为州，享受所有东海岸发达地区同样的福利。

值得一提的是，早期到美国的中国人也参与到美国的西进运动中。那时候，有将近两万中国人参与修建了美国西部的铁路，他们成为美国西部历史的一部分，有了他们的参与，才有了今天的美国铁路，有了他们的参与，才有了美国的今天。张少书在《金山的幽灵》中第一次详细描述了当时华人在美国西部的故事。现在广为人知的斯坦福大学的创办人利兰·斯坦福恰是通过压榨华工而成为享誉全球的富翁的。⑥

在红楼里，当我的思路与幻想还随着先生的描述走在美国西部的荒野中时，先生话题一转：

> 最早移民美洲大陆的是 1620 年乘坐五月花号而来的欧洲清教徒们，他们从大西洋到美国东岸，第一个落脚点是美国东部的新英格兰。后来，移民又一直西迁到了太平洋。在美国西进运动中，也出现了疯狂的种族屠杀。美国向西部猛烈推进时，也残暴地镇压了这些土地上原来的主人——印第安人的反抗。那种残酷驱逐印第安人的行动是美国历史上最可耻的污点之一。当时美国许多杰出的民主领袖也曾积极参与这种行动。许多印第安人村庄在一夜之间变成鬼域。当哥伦布 1492 年发现美洲新大陆时，在那里居住的印第安人总人口在 3000 万至 1 亿之间。到 20 世纪 70 年代，被迫分散聚居在美国各穷乡僻壤"保留地"里的印第安人，据美国官方统计，总人口还不到 80 万。⑦即使现代的美国历史学家们也毫不掩饰那一段残忍的历史。⑧

西进运动塑造了美国的个性，其代价则是让当地的印第安人流离失所，惨遭屠杀，同时也让墨西哥丧失了一半的领土。随着一个个州沿着俄勒冈小径建立，蓄奴和废奴的矛盾也变得日益尖锐，随后在俄勒冈小径沿线，因奴隶制的矛盾引发了"流血的堪萨斯"事件（南北双方为了增强各自在堪萨斯的影响力，同时让大量人员涌入该地抢占地盘，最终酿成了流血冲突）。后来，还有更为惨烈的南北战争。南北战争之后，俄勒冈小径及其各条支路逐渐退出历史舞台，它们的地位被横跨北美大陆的太平洋铁路取代。多年以后，作为西进运动的见证者，俄勒冈小径被纳入美国国家公园体系，作为美国历史的重要遗迹而被保护和铭记。

18 世纪时的俄国

每一次戴逸先生开始长谈的时候，桌上都有一杯茶，每当话题快结束的时候，先生才会喝一口，然后说："今天就说到这里。"不过这一次，当先生喝了几口茶之后，又转到了另外一个话题："18 世纪，当美国西进运动轰轰烈烈进行之际，俄国在做什么？"

先生的视野突然从美国西部转到了太平洋，转到了西伯利亚。先生的思维经常是跳跃式的，从一个话题转到另一个话题。即使到现在，也是如此。

西伯利亚是世界上另外一个巨大空间。西伯利亚对于世界上的所有人来说，那里的雪，那里的寒冷，那里的土地都是谜，那里似乎是世界的尽头。从中国的黑龙江到西伯利亚一带，覆盖着世界上面积最大的针叶林。因为我去过黑龙江，对于西伯利亚有种特殊的感觉。那里有一望无际的森林，铺天盖地的大雪，森林中突然冒出的一群麋鹿，无声无息地突然出现，又无声无息地消失在森林中。那里离西伯利亚非常近，只有你去过那里，你才能够体验到什么叫冰天雪地，什么叫严寒。西伯利亚地区靠近北极，土地永冻不化。现代的人们很难想象，数百年前，究竟是什么原因促使俄国人从欧洲走向了西伯利亚。

先生讲述道：

公元 9 世纪后半期，居住在欧洲东部的一些斯拉夫人的部落，联合成了一个以基辅为中心的大公国——基辅罗斯，这就是最早的俄国。它的领土范围大体在普斯科夫以东，穆罗姆以西，南起基辅，北至拉多加湖，是一个面积很小的内陆国。即使到了 17 世纪，那时候的莫斯科还是一个不大的城市。欧洲中世纪的城市是什么样呢？我们可以从二十多年前美国的一部电影《勇敢的心》中看到，那个时代的欧洲城市大部分都很脏，很乱，很危险。莫斯科则是那些城市中最糟糕的地方之一。莫斯科的四周都是森林，有着取之不尽的木材，莫斯科城里的大部分建筑都是由木头建造的，即使是街道也是用木头铺陈。又高又窄的俄国东正教教堂洋葱状的拱顶到处可见。莫斯科的夏季白昼很长，冬季白昼则又非常短，到了春天，满地泥泞。

15 世纪末，莫斯科公国征服周围各公国，第一次作为以莫斯科为中心的中央集权制国家出现在伏尔加河和第聂伯河之间。16 世纪中叶改国名为沙皇俄罗斯（简称"沙皇俄国"或"沙俄"）。从那个时候开始，俄国开始了扩张之途。

扩张分为两部分：西向欧洲，东向亚洲。这两个不同方向的扩张在性质上有着根本性的不同。

俄国在欧洲的大扩张时代是叶卡捷琳娜大帝在位时期。通过1768—1774年的俄土战争，俄国击败土耳其帝国，吞并了克里米亚汗国，获得了比北方出海口更为重要的黑海出海口。

此后，叶卡捷琳娜大帝的俄国，在欧洲扩张的脚步轻松自如，得心应手。她轻轻松松地和普奥三次瓜分波兰，波兰彻底消失。波兰70余万平方公里的国土，俄国分得40多万平方公里，可谓最大的赢家。

欧洲是俄国的重点，得失进退之间，生死攸关。相对于欧洲来说，俄国对亚洲则不是那么在意。俄国在亚洲的扩张，类似于西班牙在美洲的扩张，不完全是政府行为，而是官方和民间力量参半。但这种顺其自然、不甚着力的扩张，给俄国人带来的土地却比他们在欧洲所得的大得多。正是在亚洲的扩张，才使得俄国成为世界上面积最大的国家。

俄国在亚洲的扩张，着力不多，收获很大，这是因为，亚洲北部空地面积很大，居民很少，俄国人对付西伯利亚的土著与西班牙人对付北美的印第安人完全一样。

公元17世纪30-40年代，俄国已经跨越叶尼塞河，到达勒拿河、楚科奇半岛和鄂霍次克海，足迹遍布西伯利亚。

西伯利亚的发展始于16世纪后期。促使俄国人走向西伯利亚的最主要原因是黑貂毛皮。这与西欧的商人不同，西欧的商人在非洲海岸、印度和远东寻找的是黄金，黄金是驱使西班牙人横渡大西洋到美洲的原始动力。对俄国人来说，寻找毛皮则是支配他们进入西伯利亚的动力。

现在欧洲各国博物馆中展出的很多油画中，那些国王或贵族们穿着的都是毛皮，漂亮的毛皮衬托出的是高贵，象征的是地位。那些油画向现代人表露出的含义是，穿毛皮的人都是上等人。早在中世纪，在西洋传教士中就流传着一种说法："无论对错，我们把得到一件貂皮当成至高幸福"，其中的意思是：穿貂吧，上帝都原谅你。英国贵族把帽子上有几条貂皮看成区分地位的标志，谁头上的貂皮多谁的爵位就高。貂皮衣服成了当时欧洲贵族的标配。几个世纪以来，黑貂一直是君主的最爱，王室喜欢用这种材料制作服饰。

16世纪，贵重的毛皮在欧洲市场上非常走俏，哪个国家掌握大量毛皮，就意味着哪个国家控制了外汇流通。从俄国输出的毛皮，价格极高。毛皮最大的产地是哪里？西伯利亚。那里土地辽阔，森林茂密，四处可见赤鹿、熊、猞猁等大型动物，而小型动物如貂、狐狸、黑鼠的毛皮，在欧洲市场上更是名贵。正是这些动物，吸引了商人们的注意。整个17世纪，毛皮贸易支配着西伯利亚的命运。毛皮是俄国政府最重要的收入来源。如何获取毛皮呢？最快捷的方式就是巧取豪夺，占领土地资源。

最初从西边入侵西伯利亚的不是俄国正规军，而是斯特罗加诺夫家族雇佣军。1558年，因为乌拉尔山脉以西的毛皮日渐减少，沙皇伊凡四世授权斯特罗加诺夫家族率哥萨克在乌拉尔山脉以东开发商栈，攫取当地丰富的毛皮资源。毛皮对于俄国来说非常重要，因为当时的俄国人与西欧人、奥斯曼商人在市场上交换高档毛皮：紫貂毛、雪貂毛。对克里米亚汗国，他们以皮毛作为外交礼物，换取可汗允许他们的贸易商队通过草原到黑海口岸进行贸易。1578年（明万历六年）10月，哥萨克领袖叶尔马克开始东侵，进入西伯利亚西部。1636年（明崇祯九年）俄国人到达鄂霍次克海，征服了西伯利亚全境。

受雇于沙皇伊凡四世的斯特罗加诺夫家族是16世纪俄国的最大富商，这个家族结交沙皇俄国的权贵，经营各种货物，毛皮生意的利润最为优厚。早期的时候，他们采集貂、狐、灰鼠及水獭等动物的毛皮，采集毛皮的活动逐渐蔓延至喀山汗国。得到沙皇的授权以后，他们组建武装，扩张领土，免缴贡赋，并且具有监察征税的权力。在斯特罗加诺夫家族资助下，哥萨克首领叶尔马克入侵西伯利亚，开启了俄国向远东太平洋地区的扩张历程。

叶尔马克的父亲是顿河流域的哥萨克人，母亲据说是丹麦人，叶尔马克生得红胡子、蓝眼睛，因此后来人眼中的哥萨克的形象多以他为标本。叶尔马克原来在家乡顿河流域就是个盗匪，干的是打劫商船、杀人越货的勾当。伊凡四世明令悬赏叶尔马克的首级，要求捉拿这个"恶贯满盈的强盗"。叶尔马克无处可去，就跑到格里戈里·斯特罗加诺夫的地盘上避风头，结果认识了斯特罗加诺夫。

最后两人达成协议，一个想办法向沙皇求情，提供武器弹药，后勤保障，一个出人出力，去西伯利亚征讨西伯利亚汗国。

对于西伯利亚当地的土著而言，叶尔马克是土匪；对于俄罗斯而言，他则是英雄。叶尔马克的彪悍勇猛为俄罗斯打开了进入西伯利亚的大门。

1581 年，一帮亡命之徒聚集在叶尔马克的旗帜下开始向西伯利亚汗国进发，正式拉开了进军西伯利亚的序幕。哥萨克人的做法就是直接抢。他们有轻型火炮，有大量的火枪，当地土著根本不是他们的对手。沙皇对这群打手的扩张大力支持，给这些远征的人赞助费，给他们收取毛皮的特权，只要他们将毛皮直接卖给政府或者政府指定的商人，这些毛皮就会被俄国政府统一卖给英国商人。卖毛皮的金钱收益成了沙俄政府扩张的军费。有毛皮就有钱，有钱就有军费，有军费能打仗就有更多的地盘。沙俄在此之后，以每年一个荷兰领土面积的速度进行疯狂扩张。毛皮贸易支撑起俄国向西伯利亚扩张的资金，刺激起俄国冒险者的贪心。

莫斯科公国在向东扩张的过程中，城堡要塞一个接一个地建立：1596 年在涅曼，1619 年在尼布楚，1632 年在雅库次克，1649 年到达太平洋口岸。俄国扩张的战略是以河流、邮政运输和防御要塞为基础。首先进入入侵地的是哥萨克，然后行政总督带兵跟进，建立城堡要塞，进一步实行兼并。西伯利亚森林中散于各处的土著部落根本没有能力进行反抗。当时的沙皇主要关注的是西边和南部边界一带,西伯利亚的行政只能交付总督处理。征服西伯利亚的过程中,包括了各式各样鱼龙混杂的参与者,如军人、猎人、商人、官员、东正教徒、逃亡农奴、企业主、商贩、罪犯、异教徒、外国囚犯、哥萨克、艺术家、冒险家、流浪汉。在国家与私人、军队、猎人、农民、手工业者、商人之间,形成一个相互依存却又难以控制的网络。

中世纪时,毛皮是俄国对西欧和拜占庭贸易的主要商品。征服西伯利亚以后,俄国人从西伯利亚直接掠夺而来的毛皮成为沙俄国家收入的重要来源。17世纪以后,俄国国库总收入中,貂皮交易所占比重达到11%,其中又以紫貂皮价值最高,被俄国商人称为"软黄金"。自地中海时期开始,这种"软黄金"就是莫斯科公国的主要财政来源。正是在对这种"软黄金"的不断追逐中,17世纪中叶,俄国疆域扩张至鄂霍次克海,1676年到达堪察加半岛。毛皮贸易成为俄国的命脉,甚至1697年彼得大帝出国到欧洲留学,携带的旅费就是大量毛皮货物,随走随卖。⑨

俄国在西伯利亚的扩张基本是在人烟稀少的地区,他们在东进的过程中基本没有遇到什么阻力。向西伯利亚扩张进入亚洲,这对于莫斯科公国命运的影响,绝不亚于其向西进入欧洲。1721年,彼得大帝宣称俄国是一个完整帝国,不再是沙皇国。扩张中,俄国以鲜明的亚洲国家形象出现,平衡了欧洲的强权势力。从16世纪初到18世纪末,俄国人完成了从东经90度的叶尼塞河到西经150度的阿拉斯加基奈半岛的兼并。俄国以后的强大源于西伯利亚的富饶。根据勘查资料粗略地估算，西伯利亚地区蕴藏的资源接近俄国全部资源的三分之二。按照艾伦·伍德（Alan Wood）的话来说，16世纪末到17世纪，俄国征服西伯利亚地区的重要性超过一切，"那意味着中世纪的莫斯科公国因此而转变为俄罗斯帝国"⑩。当时的俄国正处于上升时期，统一的中央集权国家刚刚建立，已经完成了从莫斯科公国向俄罗斯帝国的初期扩张，很快就跻身于欧洲强国之列。俄国在西伯利亚的扩张使其在不到二百年的时间内成了世界上陆地版图最大的国家，这完全可以与当时英国向东方扩张使其成为世界上海上领土最多的国家相匹敌。

俄国领土的扩张，到黑龙江流域就停止了。1643年，在那里，他们第一次遭遇到中国，当地的居民告诉俄国人，这里是清朝统治的地方。在俄国人眼中，这里是尽善尽美的天堂。也是在那里，他们遇到的不是不堪一击的土著，而是清朝的军队。最终的结果就是1689年中俄《尼布楚条约》的签订，这一条约揭开了中国与俄国接触的历史。

18 世纪时的中国

在红楼书房窗下听先生谈论 18 世纪的美国、俄国的时候，正是春天，北京四处飘着柳絮，犹如漫天梨花洒向人间。那一年，中国正努力寻求加入 WTO，世界市场接纳了中国，中国向世界的开放进入了新的阶段，中国的经济开始腾飞，沿海一带所有的码头都处于高度繁忙之中。那时的北京，到处可见正在动工修建的房子。中国处在三百年来历史上最佳的发展时期。

那一年，先生已经七十多岁。我好奇的是，在这种年龄段上，一般人都已然退休赋闲，颐养天年，而先生此时的思维却如江海一般翻腾起伏。先生讲述的 18 世纪的美国与俄国，要点是：三百年前，美国与俄国正处在突飞猛进的时期，这两个国家早期的开疆拓土构成了 18 世纪世界历史最重要的一环。

了解了 18 世纪的美国与俄国，那么，18 世纪的中国呢？我问。记忆中，先生突然提出：一般人认为，18 世纪的中国是康熙、雍正、乾隆三个时期的盛世，而在这个表象后面是什么？

是什么呢？我浑然回答不出。先生停顿片刻，然后说：

在18世纪，全世界有9亿人口，整个欧洲只有2.8亿人口，中国则有3亿人口，占世界人口的三分之一。相应的粮食生产，中国大约也占世界总产量的三分之一，居世界首位。当时没有任何其他国家有这样多的人口，能够生产这样多的粮食。在18世纪，中国的人口增长达到了历史最高水平，汉朝时期中国人口为6千万，唐朝时期为5千万，明朝时期，按照书面上的记载是八九千万，没有超过1亿，清朝乾隆时期为3亿，道光时期为4亿。在任何历史时期，粮食都是养活巨大人口的关键，养活几亿人对任何政府而言都是最大的政治。无论是在中国还是在世界，无论是过去还是今天或者明天，粮食都是衡量社会稳定的最重要的指标。由此看来，清朝时期，要养3亿人不是一件简单的事情，而当时中国仍然处在农业社会阶段。当然，一个社会的经济需要各个方面的支持，其中包括政治、文化、科教，中国当时并不重视自然科学，中国古代多研究人与人的关系，不太研究人与自然的关系。

人口问题一直是中国历代统治者重视的问题，包括如何管理、统治人口。中国历史上历代王朝的崩溃都与人口管理上的混乱有直接关系。中国历史上出现的所有战争、动乱都与粮食有直接关系。换句话说，人要吃饭，如何让人生存下去，这对于中国历代统治者都是一个直接关系到统治合法性的大事。[11]

清朝时期，要养活如此庞大的人口谈何容易。一个国家的稳定与发展有一个重要因素：粮食，无论是从历史上看还是从现在世界上看都是如此。现在存留在故宫的老档，很大一部分就是每年各地方政府上报的气候表，包括海量的粮价、雨水条子。清朝时期，每一年，每个月，各个县都要上报各地下雨几寸，粮食价格多少，如大豆多少钱，米多少钱，小麦多少钱。现在保存下来的那些资料都是大范围的经济和气象资料，是研究经济史和气象史非常珍贵的资料，在全世界范围内也是仅有的。这些史料是历史大数据的基础，对于进一步深入研究中国三百年的气候史、地理史、灾荒史、地方税收史、统计史都有重要意义。

再回到乾隆时期。乾隆非常重视农业，重视雨雪气候、粮食价格，如果地方晚报这些情况则要受罚。在乾隆留下的四万多首诗词中，其中的一个重要题材就是农业生产。这类诗词，数量之多，难以计算。他的诗中，很多是求雨之作："晴久则盼雨，雨多则盼晴，农事关怀，无时可以自释。"乾隆诗中记载了大量关于各地收成和赈灾救荒的资料，每年各省申报夏收、秋收的情况，他几乎都要写诗。

几年前，先生重又谈及乾隆的诗。他说，乾隆四万多首诗中，没有酒，没有女人，这说明什么？说明乾隆不近酒色。近十几年出现的不少关于清代的电视剧中，将过去的皇家描绘成整天在后宫中与女人周旋，实在是瞎编乱造，误人子弟。先生从历史学的角度看待乾隆的诗，认为其历史价值远远高于艺术水准，"如果把乾隆诗集中望雨盼晴的诗收集在一起，可以相当完整地显示出乾隆一朝晴霁阴雨、气候变迁的情况"，乾隆"一辈子对气候晴雨高度关注"⑫。将诗作为史料进行研究，这是我第一次听到。

18 世纪的中国在粮食问题上取得了巨大成功，其中一个重要原因是当时南美洲的白薯、玉米、花生在康熙乾隆时期得到广泛种植。这些作物传到中国是在明朝，但广泛推广是在清朝。如果离开了白薯、玉米这种高产作物，这么多人口怎么养活，很难想象，只有高产的粮食作物才能够养活这么多人。况且白薯、玉米对种植条件要求很低，对土壤、水、气候的要求不是那么苛刻，这些高产作物遍地可种，从前不能耕种的地方，开垦出来就可以种。⑬

18 世纪中国的一个重要历史转折点

18 世纪的中国，在世界范围内，无论是在经济生产、市场规模上，还是在城市发展上，都并不落后⑭，或者可以说，在这些方面，18 世纪的中国一直处于世界的前沿。

但是，除去所有这些，人们没有注意到另外一个更重要的历史转折点，那就是：

中国历史上游牧民族与中原定居的农耕民族长达三千年的争斗突然消失了。

这一观点，是先生三十年前在红楼书房里提出的。至今我仍然清晰记得先生提出这一观点时的环境：先生站在写字台前，桌上摆满了各种书籍，那些书籍都是清宫档案。以往叱咤风云的人物都已经回归尘埃，他们所有的业绩都留在这些档案中。与此同时，他们又都在先生的叙述中再现。

18 世纪的中国处在康熙雍正乾隆统治时期，那个时期按照现代人的观点属于盛世。那个时期发生了什么事？康熙后期，也就是康雍乾盛世的开端，威胁最大的，是准噶尔汗国在今新疆伊犁的崛起。在统一中国、平三藩、收复台湾时，清朝后方起火。一是在黑龙江流域俄国越过乌拉尔山，跨过广阔的西伯利亚，在几十年时间内到达太平洋边。但是，俄国人到了黑龙江，建立据点，却碰到顽强抵抗，跟达斡尔人、赫哲人打得非常激烈。二是察哈尔蒙古的布尔尼在三藩之乱时叛乱。第三件也是威胁最大的，是准噶尔汗国在今新疆伊犁崛起。这三支力量，一支在东北，一支在北方，一支在西北，让康熙一边打前面，一边看后面。布尔尼叛乱时，清廷在北方没有军队，都派到南方去了，当时满族还比较能打仗，是图海率领满族的家奴去打的。布尔尼叛乱很快平定下来。东北方面，清军在雅克萨战争中打败了俄国，双方签订了《尼布楚条约》，划定了中俄东段边界。《尼布楚条约》所划分的边界比我们现在的领土要大得多。西北方最主要的敌人是准噶尔汗国，它的根据地在伊犁，军队很强大，已经把天山南北都占领了，往西打到哈萨克斯坦，现在中亚的大部分国家当时都是它的势力范围，东边袭扰整个外蒙古，往南威胁内蒙古，外蒙古的领袖哲布尊丹巴、三个大汗向南跑到康熙这儿求援，所以北方形势也相当紧张。这个时候，康熙发兵，在乌兰布统把噶尔丹打得大败，噶尔丹跑到外蒙。当时行军很困难，清军进不了外蒙，双方相持了很长时间。直到乾隆元年，噶尔丹病死，这场持续了七八年的战争才告一段落。但准噶尔汗国的问题没有那么轻易解决，虽然它往南攻打北京的威胁解除了（乌兰布统离北京只有 400 多公里），但是它的老窝伊犁仍然被噶尔丹的侄子策妄阿拉布坦占领，清朝跟策妄阿拉布坦时战时和。策妄阿拉布坦曾经派军队进入西藏，所以康熙末年有一场援藏战争。那场战争一开始，清军也是全军覆没，后来派十四皇子胤禵去⑮，还有岳钟琪、年羹尧，他们也都是在那场战争中崭露头角的。雍正时又在外蒙发生和通泊战役、光显寺战役，双方打了个平手。乾隆初年双方开始讲和，以阿尔泰山为界。乾隆十年（1745），噶尔丹策零死，他是准噶尔汗国比较英明的领袖。他死后准噶尔内讧，达瓦齐上台，排除异己，准噶尔很多人跑到内地投奔乾隆，这给乾隆一个千载难逢的机会。说实在的，当时准噶尔汗国要不是内讧，清政府很难统一。因为当时到新疆打仗谈何容易，没有先进的交通工具，靠马，靠步行，粮食也很难运输，当时也想办法商运粮食，在北京一石米一两银子，运到那边就要十七八两，开销很大，仗没法打。所以乾隆看到准噶尔内讧，决定平准，把来投奔的人都派回去，让他们自己打自己。出兵时，清朝的许多大臣都反对，乾隆说，所有的人都反对我平准，说这是劳师无功，特别是刘统勋⑯，他是个愚夫子，他说没有粮食，这时还顾得了粮食呀，你进去吃人家的呀，因地就粮。他说粮食要准备三年，三年之后时机早就过去了，你打什么仗啊！清军就这样进了新疆，先锋就是那些投降过来的人马，主要是阿睦尔撒纳。进入新疆以后，清朝军队因为粮食跟不上，所以一进伊犁，把达瓦齐抓住之后，清军马上撤退，只留几百人驻守。于是准噶尔又重新起来反抗，把驻守的军队都杀掉，这就有了第二次平准。平定之后，打大小和卓就顺理成章，比较容易了。由此，才实现了中国近代国家的统一，奠定了现代中国的版图。

清朝时期中国西部疆域问题

西部疆域问题是清朝历史中重要的一部分, 其中又以清政府与西部准噶尔蒙古之间的关系为主线。大体而言, 清朝康熙年间对准噶尔的政策经历了三个不同阶段。

1672—1682 年, 清政府对准噶尔蒙古采取的政策是以优待、笼络为主, 这使得噶尔丹通过与清朝贸易获得物质利益, 扩充了实力。在这一时期, 清政府采取 "羁縻" 策略为的是争取时间, 完成平定三藩和收复台湾的战略部署。[17]1683—1688 年, 清政府则采取限制、打击为主的政策, 通过削弱噶尔丹的实力, 为统一西北边疆创造有利条件。到了 1689—1697 年, 因为与俄国签订了边界条约, 保证了东北疆域的稳定, 清政府就转变为用武力平定准噶尔。这三种政策相互衔接, 互为作用, 有条不紊。

先生说到这里, 突然问: "三百年前行军打仗是什么样子?"

先生当时问这一问题时, 窗外狂风大作, 雨水扑啦啦地打在窗上。我们毫无概念, 是呀, 三百年前的战争场面究竟是什么样子呢? 无从想象。

现代的电视剧中描述的以往战争场景，大多与真正的历史场景天差地别：一群身着整齐服装的士兵，还有漂亮的军营。那似乎不是在出征打仗，而是在郊游。实际的场景是什么样子呢？

我曾经在《康熙遗诏1722》一书中描述过三百年前康熙远征途中的实景：

> 现在的人根本无法想象几百年前从中原调动几十万大军到几千里之外作战是多么困难的事，自古以来，远征作战几千里根本不能超过90天。三百年前的行军方向是根据北极星的方位判定大军的地理位置。
>
> 秦迈眼前出现的是沙漠中的清朝大军，后面尾随着一千三百辆车，几十万只羊。
>
> 雨雪不断，路途泥泞，运输速度减慢，很多拉车的牛途中死亡。大沙丘上，士兵用柳木造路。
>
> 荒漠中，一群清兵在凿洞，远处是延绵不绝的帐篷。大雪掩到膝。一位清军将领走到康熙面前："皇上，挖了几十处，还是没有水源。"
>
> 雪花飘到康熙的脸上："没有水，啃雪。"
>
> 又一位将军走上前来："皇上，粮草到晚上没有了，于将军的粮草还没有到。"
>
> "杀羊。"

"七十万只羊都杀完了。"

"杀马。"

　　康熙西征准噶尔的征途，就是在那种可怕的环境中，在大漠中前进。行军途中，最大的问题是后备运输，尤其是在长达几千里的战线上，没有足够的粮草，则根本不能打仗。试想一下，在沙漠中，西征路上，大军后面尾随着一千三百辆车，更有几十万只牛羊。如果粗略计算一下，每一辆车有五米长，两辆车之间相距五米，再加上几十万头牲畜，排起队来，至少有二三十里地那么长，那是一种什么样的场面？！这还没有将几万大军算进来。

　　在沙漠中行军，最重要的除了粮草就是水。康熙亲征途中，军队驻扎之地放眼看去，四处都是沙石，荒无人烟。在那种环境里，经常遇到的情况是，方圆四五十里以内都没有水草。因此，行军途中的每一站，都需要凿井取水。每到一个宿营地，士兵们都要先凿七十口井。康熙在扎营以后，马上巡视营地，尤其注意检验刚开凿的井水是否安全。有一次他偶然从一口挖好的水井旁边经过，在那里，他未能找到应负保卫责任的内务府官员，即刻下令寻找。经过询问，康熙下令惩罚那两名负责的官员。

　　远征途中，不可或缺的运输工具是马匹，而军中的马匹运载超负荷以后非常容易死亡。行军路上大量出汗，或者进军途中突然停止前进，这些对于马匹来说非常危险。军队驻扎休整也会使马匹不能适应；大军宿营时，那些战马仍然需要奔驰以保持体力。马匹大出汗时，又切忌喂马饮水。此外，军队还要小心井水或草地被施毒。雨水不断，路途泥泞，运输速度减慢，很多拉车的牛途中死亡。为了越过大沙丘，士兵不得不用柳木造路。

没有亲身经历过的人，根本不可能知道三百年前战争途中的那些细节。红楼书桌上摆放着一堆档案资料，先生从中抽出一叠法国耶稣会士张诚日记的翻译稿放到我们眼前："想知道当时的真实情景吗？这些都是最真实的历史，看看吧。"

康熙三十五年（1696年）2月，按照法国耶稣会士张诚记载，虽已届初春，但塞外春寒尤甚，大风时作，雨雪载途，行军十分艰苦。康熙身为表率，未曙即起，凌晨即撤营就道。而军士尚有在营中贪眠者。张诚写道："皇帝下马，按照习惯不进入为他准备的帐篷里，而是在雨中和皇子们以及其他所有的人站在一起，直到士兵们的帐篷在预定地点全部建起，然后他又极端仔细地保养牲畜。"[18] 遇上风雨交加时，如果军队尚未安营，康熙则雨服露立，等众军士结营毕，始入行宫。康熙每次进膳，一定要等到所有军中官兵开始饮食的时候，他才就餐。为了节省口粮，康熙皇帝于4月12日发布命令，令其所有随从，从即日起每日限吃一餐，应于日出前两小时起床，以便有充分时间运行李。

张诚在征途中一直跟随在康熙身边。他看到的是，康熙自己首先身体力行："在皇帝的命令下，我们又开始每日一餐，皇帝也亲自示范。"按照康熙自己的说法：他西征准噶尔是有民意支持的，因此才不顾安逸，放下皇帝的尊严，喝的是浑浊的水，每天只有一餐，在军旅中与士兵同甘共苦。行军途中，康熙皇帝不畏艰难，砂石之地，亲身与诸皇子诸大臣，帮车驶过。

张诚在日记中记载了一件有趣的事。康熙所率领的大军在 5 月 14 日进入喀尔喀地区时，到了 1410 年 4 月 16 日明成祖统帅大军征伐蒙古本雅失里汗时所经过的"擒胡山"。"我们经过一些埋在地上的大块大理石，其中一块刻有几个中国字，写着大明朝第三个皇帝，年号永乐，当他去蒙古和元朝王族宣战时，差不多在同一季节，从此地经过。"相隔将近三百年，明朝与清朝两位皇帝亲征蒙古几乎是在同一季节，经过同一路线。在中国历史上，对西北游牧民族的战争中，只有三位皇帝亲征，一位是汉高祖，一位是明成祖，另外一位就是康熙皇帝。公元前 201 年（汉高祖六年），汉高祖刘邦率 32 万大军攻打匈奴，最后被困于平城白登山，无功而还。明朝的永乐皇帝热衷于远征草原，他的一生有过五次亲征的经历，在他的《北征录》中有详细的记载。但是永乐皇帝的亲身远征经历，只是显示出在草原战争中，明朝军队孤军奋战，根本无法对付游牧民族快速移动的作战方式。相反，康熙采取蒙古人的作战方式，多支军队并进，将敌人聚而歼之。康熙西征时，走了明朝永乐皇帝同样的道路，说明康熙在出征前就参考过明朝北征蒙古的经验。明朝永乐皇帝北征蒙古时，只有一路大军，康熙则是三路并进。康熙非常自豪地向后世宣称：他的亲征只用了八天时间，就挥军三千里深入漠北，这种速度超过了历史上任何一朝的远征。康熙说，那些蒙古人四处漂泊，没有定居之处，这也是为什么歼灭他们如此之难。此次清朝大军以钳形攻势发动攻击，才能将其围剿。此为天意，而非人谋。至此，大漠永远平静，边界永远无事。这是史无前例的壮举。汉代没能击败匈奴，唐朝没能击败突厥，本朝却做到了。

先生在论述历史的过程中，常常从各种不同的角度观察历史进程中的各个层面。讲述完康熙亲征的细节之后，先生又将视野转向准噶尔：

从另外一个角度上看，雄踞西北区域的准噶尔蒙古虽然强大，其内部统治结构却非常松散，尤其糟糕的是，其内部政权交替过程中充满了血腥斗争，准噶尔汗位继承史就是一部谋杀史。更糟糕的是，准噶尔蒙古在新疆地区对当地的维吾尔族的镇压，以及当地各民族战争中交织的佛教、伊斯兰教、萨满教、东正教之间的冲突，使这一地区矛盾交织。在西北地区乃至延伸到中亚区域的那些政治交涉、军事战争中，既有原始的长矛弓箭，也有当年横扫欧亚大陆的蒙古铁骑，还有新式的火枪大炮。

然而，面对清朝军队，蒙古骑兵的优势荡然无存。就当时军事力量对比来说，准噶尔的军事力量与清朝军队相差极大。首先，清朝在康熙时期的常备军有八十万之众，在当时世界上是规模最大的一支军队；其次，与准噶尔战争之前，清朝军队一直处于作战状态，其战斗力与清朝中晚期不可同日而语；再次，在战争过程中，清朝在几千里远程后勤运输上达到了中国历史上从未有过的水平，这也是最后清朝战胜准噶尔的关键；最后，清朝出现了康熙这样杰出的人物。在世界历史中，大国的崛起需要实力、心态与意志，我们在康熙朝都看到了。康熙以其实力、个人的强大意志，排除众意，不畏艰难，三次亲征，这在中国历朝历史中均很少有。

对比之下，准噶尔的实力比清朝军队要弱小得多。单就准噶尔的人口而言，其不过六十万之众（另外一种说法是百万），生产方式和社会形态远低于内陆水准。当时战争的困难不在于作战本身，而在于距离遥远，地形复杂，气候、交通、后勤等的困难。在中亚地区，准噶尔在东南面对的是清朝稳定的政权，西北面对的则是正积极向东扩张的俄国，在这两个强大势力当中，很难有生存的空间。在那一区域中，就整体趋势而言，准噶尔蒙古算不上强势，真正角力的只有中国和俄国。

如果没有那些战争，国家的统一难以实现

　　二十多年前，先生在"铁一号"红楼里谈论清朝时期战争的细节，实在是件奇特的事情。现在回想起来，犹如一场梦。先生为我们打开了一扇历史之门，我们感觉到自己正走向一条巨大的隧道，那条隧道中闪烁着五光十色的光芒，即使铺天盖地的雪花也无法遮住那些从牌楼、古刹中释放出的灵光。在眼前出现已经消失了的巨大历史空间时，我们眼前是一排排高大无比的石像，那些石像静静地看着我们，相比之下，我们则变得非常渺小，渺小得如同天上飘下来的雪花一样微不足道。我们正走在骊山之前的皇家陵园隧道上，正走在西部的沙漠之中。这里自古以来就是巨大的舞台，只是现在天黑了，下雪了，舞台上的演员们要么走到地下，要么回家休息了。

　　千百年来这里走过的王公贵族、平民百姓、风驰入关的军队，现在都跑到哪里去了？惨烈的战争、绝世的风华、盛大的场面都在时间中消失得无影无踪，留下一片白茫茫，一种气氛，那种气氛不是一般人能够体验到的，我们此时却感觉到了。

我们所在的红楼，从地理位置上看，就是明清之际历史的一个汇集点。很多时候，当先生结束了他的谈话以后，我们都会在夜深人静之际感觉到过去消失的人物与事件又复活了，重新走回到舞台上。历史就像最伟大的交响乐一样，它总是那么复杂，有时甚至充满风险，却又总是那么美妙。

清晨的时候，先生的话题进入更深的层面：

> 清朝时期，如果没有那些战争，国家的统一难以实现。从更广泛的角度上看，在世界历史中，从古至今，大国崛起一定会伴随着毁灭性的暴力和破坏，它们都按照自己的意志重新界定世界。从俄国在西伯利亚的东进、美国的西进运动中，我们可以看到这种情况，在清朝康熙雍正乾隆时期的平准战争中我们也看到了。从中国历史上看，每一次朝代的更迭也有类似的情况出现。

战争的残酷性是我们现代人难以想象的。现代人看到新疆，一般会想到当地的维吾尔族，而在清朝初期，那里的居民则以准噶尔蒙古为主。由于他们反复叛乱，乾隆非常恼火，多次进行平叛战争。先生在其著作《乾隆帝及其时代》一书中对那一段历史也有极为精彩的阐述。比如说，乾隆决定出兵准噶尔时，军队粮草运输成为大问题，乾隆干脆采取"因粮于敌"的做法，既然军用粮食来不及运输，索性就让军队一路抢粮。[19]

世界历史中出现的千头万绪的事件往往会弄得人们看不清历史的真

面目，就如同我们现在看到的世界一样，每天都有各种各样的事件发生，那些突发事件发生的缘由是什么？其结果又会怎样？没有人知道。历史也是如此。当现代的人们将注意力集中于西欧各国在18世纪后期率先开始近代化之际，当人们将注意力集中在海洋扩张的时候，却没有注意到另外一个历史发展过程：西方国家在近代工业化进程中突飞猛进之际，中国则在一百年时间内经历了一场民族与疆界的整合。那场整合，改变了中国历史的走向，也影响了世界历史的走向。

先生的提法引人深思，那些提法是从浩瀚史料中提炼而成，已经上升到历史思维的范畴。先生认为：

清朝康熙雍正乾隆时期，无论是在中国几千年历史上，或是在18世纪的世界历史进程中都具有重要地位。在世界历史进程中，18世纪是一个分界点，其重要性不仅仅在于人类在工业革命进程中所创造出来的生产力超过了以往历史的任何时期，不仅仅在于世界各国之间的交往发生了天翻地覆的变化，更在于世界各国在贸易与战争、在血与火的交往过程中出现了现代国家领土的概念。所有现代的民族国家意识都是从那种潮流中蜕变而生，现代国家的概念或疆界划分都是从18世纪以后逐渐形成并为当今世界各国所承认。[20]

先生说到此处，特别强调：

历史不是简单地记录或陈述过去发生的事情，更重要的是用什么样的思维方式界定历史与现代之间的关系,像近代世界历史中对于"国家"的概念和定义就是其一。如果将历史上的"国"与现代的"国家"混为一谈,产生的只会是一团混乱。

我隐约感觉到,先生此时正在讨论一个崭新的历史观点:

自秦汉时期开始,北方游牧民族一直是中原一带农耕定居民族最为强悍的竞争对手,这种局面到了18世纪成为关键性的转折点。经过长达百年的战争或兼并,中国结束了几千年农耕定居民族与游牧民族之间的火与血的竞争。北方游牧民族不断入侵中原地区的战争从历史舞台上永久性地消失了。清朝的疆界版图正是在这一时期形成,并为我们现代的国家领土奠定了坚实基础。这个基础成为世界历史重要的一部分。清朝在经营边疆与民族融合方面,仅就这两点而言,在中国历史上达到了前所未有的高峰,也为后世留下了重要遗产。

"难道说,这就是18世纪的中国在历史进程中的重要特点?"我问。

先生没有直接回答,接着说:

18世纪有着欧洲工业化进程的历史,有着海洋霸权竞争的历史,更有着世界范围内开疆辟地的宏伟历史,这三种进程交织发展,一直影响到今天世界发展的格局。而在开疆辟地的宏伟历史过程中，当时世界上最突出的有三个国家：中国、俄国与美国。这三个国家的走向为两百多年以后的世界奠定了大格局。即使在今天，这三个国家的一切行为都直接影响到世界的走向。

18世纪中、俄、美在开疆辟地历史进程中的区别

这是对世界历史的一个新的提法，这个提法我在二十多年前的红楼里第一次听到。有趣的是，到了今天，中国、美国、俄国仍然是世界范围内最重要的三个国家。"那么，这三个国家在18世纪发展进程中的区别是什么？"我问先生。

"这是一个好问题。"先生说。不过此时已是黄昏，天色已晚，到了吃晚饭的时候，厨房里甘肃籍的阿姨已经走到门边招呼了。饭桌上的饭菜都是家常菜，但是做得非常可口。晚饭之后，先生又接着说道：

在18世纪，俄国东进，美国西进，中国在西北进行战争，虽然这三个国家在那个时代都有着开疆辟地的历史，但是它们的目的与走向都不同。清朝的边疆经营是在历史上重新统一的版图之内进行的。自汉唐以来，中国的疆域已很辽阔，但是随着朝代的变更，每一个历史时期的疆域都处在不断变动的过程中，并不是固定在一个范围之中。在中国历史上，各个朝代没有一成不变的国境线，而是随着各朝与周边所谓"蛮夷"之间的关系稳固程度的变化而进

退。同样，自秦汉以来，中国以汉族统治为主体，但在不同时期也出现过周围少数民族入主中原的情况。满族入主中原不是唯一的情况，早在两千多年前的秦朝时期，就出现了少数民族入主中原的情况，秦朝在当时就被认为是少数族裔。在约一千年前，蒙古族的入侵也出现过元朝统治中国百年的现象。自秦汉以来两千多年的历史中，无论是汉族统治还是少数民族入主中原，其结局都维护和发展了中国固有的文明。虽然两千多年来中国历朝的疆域划分不同，但是统一仍然是大趋势。清朝在康熙雍正乾隆时期达到中国历史上空前的统一，其范围并没有超出汉唐时中国所统辖的领土范围之外。而俄国与美国，一个向东扩张，一个向西开发，它们所去的地方都是以前从来没有到过的疆域，都是在夺取新的领土。而且，18 世纪俄国向东与美国向西的扩张完全是由经济利益直接驱动的。

中国当时的情况完全不同。中国地缘上属于大陆型架构，社会形态属于地大物博的农业经济，这种社会基础使清朝延续着中国历朝传统：追求安定。换言之，欧洲国家、俄国、美国的扩张都有明确目的，清朝时期平定准噶尔的战争则是在被动状况下发生的。18 世纪的中国不存在商业上或土地上的诱惑。清朝面对的是一望无际的大沙漠，是强大的准噶尔蒙古。清政府考虑的是如何解除西北游牧民族对中央政权的威胁，由此所发生的战争完全不涉及经济利益。俄国和美国的边疆扩张持续多年，只要利益存在，扩张就一直持续下去，直至达到太平洋为止。而清朝在西北的经营活动，只要削弱或赶跑了敌人,取得一定安全系数之后,军事活动就停止下来,其中一个重要原因是国家财政不能够长久支持边疆战争。准噶尔战争长达70年之久,其间两次停战议和,停战时间长达40多年。康熙击败准噶尔后,并未乘胜追击,进攻伊犁后不得不休兵议和。乾隆平定准噶尔、回部以后也不再西进,原因只有一个,没有经济利益去推动其军事行动。

俄国向东、美国向西的扩张都是在人烟稀少的区域,也是它们从来没有去过的区域,所遭遇的阻力很少。西伯利亚的通古斯人、布利亚特人、雅库人,或是美洲的印第安人,都经济落后,人口稀少,组织松散,没有形成国家组织,更没有强大的抵御能力。由此,俄国与美国的扩张行动都是在国家支持下的私人行为,几十或百人组成的俄国哥萨克队伍或美国的大车队,可以在广阔土地上横冲直撞,肆意掠夺,屠杀土著,如入无人之境。而清朝面对的则是纠缠几千年的少数民族,是强大的准噶尔军队,组织严密,经济相当发达,因此,扫除统一道路上的障碍,唯一的出路是调动全国力量,出动政府军队进行大规模战争。

18世纪的中国、俄国、美国在经营边疆的历史进程中,性质、动机、形式、意义各不相同,这三个国家在18世纪的存在与崛起,改变了世界政治力量的对比,影响了近代与现代国家政治的格局。而影响中国两千多年历史的西北游牧民族在清朝与俄国两个大陆国家势力的夹击中,则失去了施展活动的空间。

满族"汉化"进程比后代史学家们想象的要快、要深刻

如此说来，开疆辟地与明确划分领土问题是 18 世纪世界各国历史发展中最重要的一条主线？

"当然。"先生这样认为。就此，又涉及另外一个问题：中国历代王朝是如何看待边疆问题的？说至此，先生从书架上抽出一本书放在桌上，那本书是《亲征平定朔漠方略》，看上去很旧，书的封皮已经发黄。先生打开书，让我们自己看其中几页，在其中一页中，康熙帝说：

> 历观汉唐宋之已事，往往罢敝中国之力，而不能成廓清边塞之功。……本朝不设边防，以蒙古部落为之屏藩耳。

"这些话是什么意思呢？"先生问。不等我们回答，先生解释道：

> 这些话概括了中国两千年的历史特点：秦汉以来，中原一带的农耕汉族与西北地区的游牧民族之间在华北以及草原、沙漠地区的厮杀几乎每一朝代都有。同时，也说明了清朝对于疆域的看法。康

熙帝认为，中国历朝倾全国之力却不能有效安定边疆区域，而清朝则干脆将西北一带的少数族裔囊括进自己的领土范围之内。清朝满族统治者的这种观念与中国历代王朝统治有明显的不同。中国历代统治者（除去元朝）都属于汉族，他们隔离于草原部落，不了解北方少数民族的习性与思想，对于游牧民族没有概念，将西北少数民族视为未开化的蛮族。自秦汉以来（除去元朝），西北地区的那些游牧民族不断入侵成了中原定居民族的噩梦。从西周开始，周边少数民族（中原地区统治者称周边少数民族为"犬戎"）就不断入侵，周幽王就是被犬戎杀死的。汉朝初期，刘邦被匈奴围困于白登，几乎丧命。整个汉朝四百年中，与匈奴之间的争斗延绵不绝。到了西晋后期更是惨遭"五胡乱华"而灭国，导致中原地区战乱四百多年。唐朝与突厥、吐蕃对峙三百年之久。再到宋朝，先后面临来自契丹、女真、蒙古族的威胁与战争长达三百多年。在中国历史上，中原地区农耕社会受到西北游牧民族的压力至深至远。只有到了清朝，来自东北地区的少数民族满族才彻底解决了这一问题。这真是一种奇怪的历史现象。其中一个重要原因是：1644 年，满族二十万铁骑入主中原，明朝灭亡，新王朝建立以后，清朝统治者也改变了他们自己的身份与认同，他们自认为是中原定居社会的一员，他们认同并且接受了中原地区的社会经济体制、文化传统，如果没有这种认同，满族统治根本不可能在中原地区持续两百多年。尤其是到了康熙朝以后，因为自身地位的改变，满族的思维已经转换为中国历史上传统的向北防御的历代中原王朝的思维。单从这种意义上说，满族的所谓"汉化"进程比后代的历史学家们想象的还要快、还要深刻。与中国历代进入中原的少数民族一样，满族被中原定居民族的政治经济文化架构同化了。

如果没有这种改变，满族人在中原的统治与生存将难以维系下去。同时，因为清朝统治者本身就是来自东北地区的少数民族，他们理解周边少数民族的思想、心理与生存诉求。同样，也因为他们来自草原，对蒙古族知之甚详，他们本就是游牧民族的一部分。他们在未入关之前，就与蒙古族通婚，军事上共同合作。他们对于少数民族的看法与中原历朝统治者的视角不同。他们既站在中原统治者的立场看待西北疆域问题，也站在少数民族的立场看待边疆问题。他们认为西北的蒙古族和其他周边地区的少数民族都是一家人，他们也将周边地区视为自己统治的地方，而不允许任何叛乱的发生。

如果说，18世纪在世界历史进程中是一个分界线，那么，18世纪在中国历史上同样如此。清朝与准噶尔的战争意味着两千年以来中原农业定居民族与西北地区游牧民族之间长期对峙的局面得以彻底结束，并且扫清了清朝统一道路上的最大障碍，为中国近代国家领土版图的形成奠定了基础。从更大的范围上看，贯穿于中国几千年历史的中原地区农业定居民族与周边游牧民族之间的相互斗争在清朝终于完成了相互融合的过程。

茶马贸易与王朝政治紧密相连

贯穿于清朝历史的最重要的课题就是中国周边的少数民族问题，不了解少数民族的历史就不可能理解清朝历史。那么，中国历史上的游牧民族的发展趋势是什么？先生在谈论 18 世纪的中国与世界的过程中特别提出这一问题。当时先生在清史所组织了一个班子专门研究边疆史，可能也与此有关。

还是在红楼书房里，先生对戴寅、戴琛和我说：

中国历史上的游牧民族在中亚地区草原上的移动方向大都是由东向西、由北向南，这个过程持续了两千多年。这个过程的形成与周边地理和自然生态环境有着密切关系。两千多年来，西北地区以畜牧业为主的游牧民族所处的区域属于北纬地区的大陆气候，常年干旱、寒冷不利于农作物的生长。但是，那里有广阔的草原牧场，为畜牧业提供了天然场所，这就形成草原游牧民族生存的条件。西北地区盛产马、羊等牲畜，缺少粮食、纺织品、手工制品。那里的少数民族渴求内地农业地区的粮食、茶叶、日用品，尤其对茶叶有巨大需求。游牧民族的饮食结构以肉类、奶酪等乳制品为主，而饮茶则有助消化，因此，茶叶对高寒地带的草原游牧民族的日常生活具有重大意义。中原的历代汉族王朝了解到游牧民族对于茶叶的依赖并且充分利用，将茶叶资源与王朝政治联系起来。尤其到宋明以后，茶马贸易与边疆防御政策紧密关联，备受历代王朝的重视，借此维持边疆地区的稳定。

中原地区几千年形成的农业社会盛产粮食、麻、丝及手工制品，但是缺乏农业发展所需要的大量牲畜，尤其是战争所需要的马匹。马匹是游牧民族的主要经济支柱和战争中的基本工具；同样，马匹在中原地区也是战争中必不可少的工具。在冷兵器时代，马是中国历代王朝军事实力的象征。马者，甲兵之本，国之大用。无论是近百年来从地下挖掘出的有关马车的文物或是古代绘画中展现的兵马图都证实了这一点。秦汉以来，中国历代王朝无不将马政视为一项重要国策。汉武帝时期的张骞出使西域，唐朝时期的马政都与马匹有关。但是，中原地区没有辽阔的草原，没有大规模饲养马匹的条件，其所需要的马匹大多是与西北游牧民族交易而来。马与茶，这二者为草原游牧民族与中原农业社会之间贸易关系的关键所在。明朝时，西北地区盛行的马市就是一例，设置于陕西的苑马寺曾经兴旺一时。[21] 那里自古以来就是饲养战马之地。汉代西北地区因养马多而闻名于世，《汉书·地理志》中有详细记载。唐朝初年以原州（今宁夏固原）为中心设置西北最大的养马基地。宋朝对于马匹的需求主要依赖与西北少数民族的交易获取。宋代的马市交易直接影响到明朝的茶马交易。明政府对茶马贸易的管理在借鉴唐、宋两个王朝经验的基础上变得更加完善和健全。当然,在茶马交易中,明朝深知其所面临的问题:"夷狄黠而多诈,今求互市,安知其不觇我中国乎?利其马而不虞其害,所丧必多。"这种心态早在唐宋时期就有,一直延续到明朝后期。在茶马贸易中,中国一方往往是吃亏的,所以历代王朝都限制茶马贸易的规模,即使在清朝时期也是如此,其中包括对进贡商团的限制。㉒

自汉代出现的"丝绸之路"就是从这种关系中发展而出的。丝绸之路的起因对于汉族社会而言,是战马;对于游牧民族而言,是茶,是粮食,是日用品。这种中原农业定居社会与草原游牧地区在经济上互有需求、相依相生的关系,形成了历史上草原丝绸之路的基础条件。宋明之际,草原丝绸之路在西北地区被称为"皮毛路""茶马路"。到近代初期,中亚地区成为欧亚大陆的交通枢纽,更是各种宗教的聚集地。各国商旅纵横交错遍及中亚、俄罗斯以及欧洲各地区,商队沿着古老的丝绸之路在全球各地进行贸易。这里成为各种不同文化交汇的源头。不同民族在这一区域中的交往只有一个共同目的:经济。而这一区域发生战乱,游牧民族入侵内地农业社会,最大的原因仍然是贫困和饥荒所引起的经济问题。

到了16—17世纪,西北的游牧民族逐渐失去赖以生存的空间。其中一个重要原因是气候变化直接影响到它们的生存条件。17世纪世界气候发生了重大变化，全球范围内进入了小冰川期，天气变得非常冷。中国遭遇到同样的情况。㉓中国处于季风区，气温变化与降水量之间有密切关系。气温高，降雨量就多，反之则少。由于天气变冷，17 世纪出现了中国近五百年来持续时间最长的一次干旱。

明朝时期记载有自然灾害的年份超过两百年，其中百分之九十以上是旱灾。西北地区也遭遇了同样的干旱。草原牧场上牧草的生长完全依靠雨季降雨，一旦遇到旱情，牧场就面临灾难。17 世纪鄂尔多斯草原的环境迅速恶化，牧场荒芜，青草不生。世界性气候的极端变化直接影响到人类的生存，也改变了人类的生存方式。明朝的灭亡与 17 世纪的气候变迁有着深层关系。㉔

在 17 世纪极端气候变迁中，东北游牧地区出现了历史上未曾出现的情况，草原上涌现出众多来自内地的汉人。他们遍布于丰州滩蒙古地区，在当地农耕定居，形成了明朝边外特殊的板升社会。这些汉人多由喜峰口、北古口、独石口、张家口、杀虎口、山海关以及陕西边外关口闯关出边谋生，他们来自河北、山东、山西。到 17 世纪末年，内地农民出走关外的越来越多，单山东一处就有数十万人之多。内地汉人到关外求生的原因是频繁的自然灾害导致他们无法谋生，只能背井离乡，铤而走险。草原上的蒙古族对于内地汉人的到来也持欢迎态度，蒙古族需要汉人在那里耕种。游牧民族数千年来从事畜牧业，不善耕种，直到汉人来到草原以后，才有所改善。后来甚至出现当地蒙古人祈求汉人到草原进行农耕的情况。

内地汉人到草原一带从事农耕，也将农业定居社会的习性带到了草原。草原上出现了汉人建筑的房舍，称为"板升"。所谓"板升"，就是土木结构的房屋。一些板升连在一起，就形成村落，其有别于游牧民族在草原上四处游牧时所用的帐篷，也意味着草原上出现了内地定居社会的雏形。板升在明朝嘉靖年间就出现了。1581年，蒙古地区呼和浩特城就是在板升的基础上建成的。板升的出现，意味着草原上游牧民族生活方式的改变，逐步趋向于定居。这种状况在满族入关前已经趋于普遍。努尔哈赤建立后金国前后，满族聚居的赫图阿拉地区已经到处可以看到农耕之地。弘治四年（1491年），朝鲜北征副元帅李季同渡图们江北行，报告女真人的情况时说，那里田园沃饶，多畜犬鸡鸭。此地女真人还在集市上卖粮食。朝鲜人申忠一在万历二十四年（1596年）亲眼看到佟佳江、苏子河一带无地不耕，包括山上，也多开垦。当然，这种情况在东北并不普遍，很多地方"衣食皆易内地"，遇到荒年就会向明朝"告饥"。

到了18世纪，即使是西北地区也发生了变化。一方面，准噶尔控制下的新疆畜牧业发达，另一方面，农业也取得长足发展。策妄阿拉布坦和噶尔丹策零时期，农业在准噶尔社会经济中的地位越来越重要，仅次于畜牧业。参与农业的有乌兹别克人、汉人、喀尔喀蒙古人、满族人、哈萨克人，各种族裔的人混居在一起，农业人口迅速增加，仅伊犁一带就有万人从事耕种。

游牧与农耕民族从经济形态趋同到政治文化认同

由于世界性气候的急剧变化，内地的农耕民族不断进入草原一带，导致游牧民族社会形态发生变迁，这种情况与元朝时期蒙古族进入中原的情况完全不同。

正是因为满族在入关之前就有了初级规模的农业经济，入关之后，才会更加认同中原的农业经济体系。这就是游牧民族在社会与经济形态上与中原地区农业社会的所谓"趋同"。没有这种经济形态上的趋同，也就谈不上满族入关以后政治文化上的认同。这种趋同无论是在汉唐之际或是在宋明时期都不存在。

中国几千年历史中，民族成分复杂，各地区发展很不平衡。游牧民族活动于西部、北部地区，东部、南部则是农耕地区。由于地理因素，游牧民族和农耕民族的生产、生活方式不同。游牧民族游荡于草原，没有定居之处，农耕民族则固守土地，形成定居社会，游牧民族与农耕民族的管理方式、社会结构完全不一样。这一经济活动的差异造成严重而深刻的历史矛盾。也正是因为这一差异，才造成了汉朝与匈奴，唐朝与突厥、回纥，宋朝与契丹、女真等的长期征战，烽烟不息。频繁的战争、朝代的兴衰，也引发了中原一带人口自北向南的大规模迁移，特别是在民族矛盾激化、汉族政权被其他少数民族政权灭亡、取代时，自北向南的移民浪潮更加汹涌澎湃，甚至波及举国上下所有的地区。中国自秦汉以来各个民族之间的融合方式有两种，一是通过彼此之间的贸易往来，一是通过战争。而战争更是引起中原各族大迁移的重要原因。各个民族在对峙中混杂，在矛盾中渗透，逐渐融为一体，形成了我们今天看到的整体意义上的中华民族文化。因此，中华民族文化不是单一的汉族文化，而是以汉族为主体的多民族文化的组合。

历史上，游牧民族不断进入中原，诸如辽为契丹所建，金则为女真所建，这些朝代后来都灭亡了，但那些少数族裔并没有消失，而是和汉族融合在一起了。比如西晋以后出现的"五胡乱华"，所谓的"五胡"，指的是匈奴、鲜卑、羯、羌、氐五个少数民族部落，其中四个民族后来在中国历史中消亡了。匈奴的一部分迁移到欧洲，成为匈牙利先民，留在中原地区的一部分汉化，成为汉族人。鲜卑族建立政权后，原有部落解体，人们转向农耕定居。羯族人在侯景的带领下，跑到南方的梁朝，以躲避北朝的打击，梁武帝萧衍接纳了他们，后来这个民族也在战乱中消失了。氐族后裔一部分融合进了汉族，一部分融合进了藏族，还有一部分跑到缅甸，发展成为克伦族。不过，氐族这个称号已经消亡了。

"五胡"中更有代表意义的是羌族。春秋战国时期，羌人所建的义渠国，领域包括今甘肃东部、陕西北部、宁夏及河套以南地区，是中原诸国合纵连横的重要力量。羌人与秦国进行了170多年的战争。以羌人为主要成分的诸戎逐渐为秦国所融合。到西晋末年，北方的大部分羌人已基本融入汉族之中。"五胡乱华"之际，古羌族大量迁入内地，北魏统一北方后，留守西部的羌人与氐族融合，称为氐羌。汉族的祖先，有很多是羌人。

中国历史上几乎所有的战乱都发自北方中原一带。每一次大规模战争，都会引起人口自北向南大迁移。历史上大姓谢氏一族，自西晋南北朝战乱起，就开始从河南往南迁，到唐末时期，黄巢起义，天下大乱，谢氏一族为躲避战乱，随五代十国时期闽国创建者王审知从河南固始迁入福建，成为今天福建的一大姓氏。河南地处古代中原文化中心，是中华文化的发源地，以至于后来有所谓河南是唐人故里、闽台祖地的说法。谢氏南迁只是其中的一个例子，百家姓中有非常多的大姓都是从河南迁移到南方的。

中原一带定居的汉族南迁，大多是在农业社会的汉族与入侵的游牧民族之间的民族矛盾激化，汉族政权被少数民族政权取代时发生的。中国几千年历史本身就贯穿着一部惨烈的移民史。在这一自北向南移民的过程中，也掺杂了各民族之间的融合。

中国历史上人口变迁的另外一个特点是，西北与东北地区的少数民族不断涌向中原地区，而中原地区的居民则不断向四面八方移动。正是在数千年人口迁移过程中，汉族与各地的少数民族融合，才形成我们现在的强大的中华文化。这与俄国、美国的人口变迁有本质上的区别。俄国自18世纪以来一直以俄罗斯民族为主体，人口没有太多变化。俄国的土地面积虽然很辽阔，但地处高纬度，气候严寒，真正适宜人类居住的地方远没有领土面积那么大。俄国人口主要集中在欧洲部分，而远东地区广阔的冰天雪地过于寒冷，并不适合人类居住，这就导致到现在为止俄国的人口增长一直是一个大问题。相对于自身广阔的领土而言，俄国人口密度很低，这一基本格局在两百年间几乎没有大的改变。人口安全问题是俄国持续发展的最大障碍。美国则是一个移民国家。从早先到达美洲的欧洲人，到后来从非洲被贩卖到美国的非洲人，以及墨西哥族裔、亚洲人，包括千年前就聚居于北美洲的印第安人，组成了现代的美国社会。如此多元种族的组合，使美国在两百年发展中产生了鲜活创造力。一个国家的发展永远离不开知识的传播和人才的聚集，美国正是因为有世界上各个民族将不同的文化带到美洲大陆，才能够有今天的发展格局。当然，美国的地理位置也有着天然的优势，东西两岸面临大西洋和太平洋，内陆腹地有着适合耕种的大量土地，还有至今仍然受到严密保护的自然资源。人口资源与自然环境为美国积淀了世界上其他国家没有的优势。

中国历史上数千年来出现的各种战争引发了中原各族裔间的大迁移，在这种大迁移过程中，又产生了各个民族间的重新组合。这是中国历史最重要的一个特点。这个特点有别于俄国与美国的历史发展，在清朝统治时期尤其明显。我们今天的所谓汉族，绝大多数都是多数民族与少数民族的混血种，这种情况在欧洲历史上同样如此，比如今天的英国人是早先的土著、意大利人、丹麦人、德国人、法国人的混血种。因此，现在强调什么纯粹汉族，并没有什么意义。几千年来，中原一带犹如一个巨大熔炉，将众多民族混合在一起，恰是因此，中华文明才能够一直处于延续状态。文明是民族国家赖以延续长存的根本。可以预见，中华文明在未来将依然延续、强大，如果没有这种文化的凝聚力，中华民族的走向将难以预测。如果没有这种文化的凝聚力，遇到 20 世纪三四十年代日本侵华这样的外敌入侵，中国恐怕早就分崩离析了。

经过几千年的融合，中华民族人口越来越多，现在已达十四亿了，这并不是靠单纯的人口自然增长，而是兼收并蓄，不断吸收其他少数民族人口的结果。内向聚合，而不是外向扩张；融合，而不是排斥，不是分崩离析，是中华民族文化最大的一个特点，其中有经济、民族、文化、地理等多方面的原因。特别是中国的传统文化非常强大，在历史上根深蒂固，具有很强的包容性和认同性，以及文化向心力。观察一种文明的生命力与延续性，关键在于这种文明是否能对外来文化产生聚合作用，中华文明恰恰具有这种特质。在中国几千年历史中，各民族长期共同生活，彼此吸收对方的文化成果，文化融合为政治认同提供了基础，使各民族之间发展起持久而巨大的亲和力、凝聚力。这也使中华文明形成了巨大的包容性，与西方文明的排他性有根本性的区别。其他国家不是这样，比如印度，其他民族的征服者进入后，就把印度文化一扫而光，佛教都没有了，它原来的文化不能够包容其他民族。

《18世纪的中国与世界》至今具有深刻意义

18世纪，是历史，也是现实。红楼书房里东边靠墙的书架上至今仍然摆放着一整套《18世纪的中国与世界》。二十多年过去了，每次在书房中看到这套书，都会回想起先生的那些论点。

在那些论点中，先生放大了视野，从各种不同角度分析中国18世纪的疆土、民族问题。先生的那些论点直到现在仍然是史学中崭新的观点。

18世纪中国和西方从古代相互隔离的状态中走出来，迅速地接近，东方文明和西方文明发生碰撞、斗争。这个历史过程中充满了暴力掠夺和血腥屠杀，西方殖民主义把侵略的触角伸向四面八方，人类因之遭受到巨大的牺牲和苦难。就中国来说，它是最后一个被卷入历史潮流中的巨大文明实体。18世纪中外关系中已有许多纠纷、摩擦，但还没有酿成战争，日常纠纷何以没有变成巨大冲突？这不是殖民主义的仁慈，而是由于中国的强大，其综合国力尚在西方国家之上，再加上西方国家忙于世界其他地区的事务，还无力对中国动武。所以 18 世纪对中国来说，是个认识世界、追赶世界、发展自己的好时机，但由于主客观原因，中国失去了这个时机。㉕

《18 世纪的中国与世界》成书于二十五年前，二十五年后，这部书仍然具有深刻意义。先生七十年的治史生涯都围绕着清史，而清史对于今天的社会发展有着深远影响。就这一点而言，先生的治史方式在中国史学中应该算是哪一派呢？这也是我好奇的地方。像 20 世纪的大学问家陈寅恪，延承的是清代乾嘉学者重证据、重事实的考据派，又吸取西方的"历史演进法"，从事物的演化和联系中考察历史，探究史料，运用这种中西结合的考证比较方法，对一些资料穷本溯源，核订确切。他的这种精密考证方法，应属中国史学中的考据派。

"如果说延承历史上哪一派，那就是南宋的经世致用一派。"

"经世致用一派？"

"是，其代表人物是陈亮。"

"经世致用"在中国史学中有长久传统，源于宋代，发达于明清之际，代表人物多活动于浙江一带。这一派将古今历史发展过程看作一个整体，在政治思想方面呈现出的是对古典政治的高度关注，同时强调现实意识，强调对于自身所处传统的精深把握。这一派不守门户之见，博纳兼容，不仅具有渊博学识，熟谙传统文化，更重要的是，其善于独立思考，敢于超越传统，质疑辨异，开创新说。从汉代司马迁的《史记》到宋代司马光的《资治通鉴》，他们治史的方式与观点应该都是属于经世致用一派。

如果将先生过去几十年的著作排开来看，就会恍然明了，从《中国近代史稿》《一六八九年的中俄尼布楚条约》《简明清史》《18世纪的中国与世界》，到《乾隆帝及其时代》，还有散见于各大报刊中的八百多篇史论或文章，都可以看到经世致用的精神贯穿其中。

注释

① 戴逸:《星星草·序言》。

② 戴逸:《涓水集》,北京出版社,2009 年,第 57—58 页。

③ 戴逸:《18 世纪的中国与世界·导言卷》,辽海出版社,1999 年,第 1—2 页。

④ 戴逸:《18 世纪的中国与世界·导言卷》,第 2 页。

⑤ 戴逸:《18 世纪的中国与世界·导言卷》,第 78 页。

⑥ Gordon H. Chang, *Ghosts of Gold Mountain: The Epic Story of the Chinese Who Built the Transcontinental Railroad*, Houghton Mifflin Harcourt, 2019.

⑦ Ward Churchill, *A Little Matter of Genocide: Holocaust and Denial in the Americas, 1492 to the Present*, San Francisco: City Lights Books, 1997. 另外一种说法是,一般历史学家都认为,北美印第安人的总数超过 1000 万,到 19 世纪末期,只剩下 20 多万。

⑧ 与此主题相关的书非常多,最近出版的就有 *American Holocaust: The Conquest of the New World* (David Stannard), *Murder State: California's Native American Genocide, 1846-1873* (Brendan C. Lindsay), *Native America and the Question of Genocide Studies in Genocide: Religion, History, and Human Rights* (Alex Alvarez), *Surviving Genocide: Native Nations and the United States from the American Revolution to Bleeding Kansas* (Jeffrey Ostle)。

⑨ Janet Martin, *Dedieval Russia, 980-1584*, Cambridge: Cambridge University Press, 1995; Janet Martin, "Muscovy's Northeast Expansion: The Context and a Cause," *Cahiers du Monde Russe et Sovietique* 24 (1983): 459—470.

⑩ Alan Wood, ed., *The History of Siberia: From Russian Conquest to Revolution*, London: Routledge, 1991, p. 3.

⑪ 有意思的是,2019 年 8 月 28 日,美国民主党总统候选人桑德斯在接受美国《国会山报》采访时说:"我们必须公平的评价中国及其领导群体,"他说,"如果我没弄错,中国在解决极端贫困问题上取得的成就,比文明史上任何一个国家都要大,中国为本国人民做了很多事。"

⑫ 戴逸:《乾隆帝及其时代》,中国人民大学出版社,1992 年,第 429 页。

⑬清代民食不足，以政府的力量推广番薯，大约始于康熙时期。《清稗类钞·植物类》载："康熙时，圣祖命于中州等地，给种教艺，俾佐粒食，自此广布蕃滋，直隶、江苏、山东等省亦皆种之。"可见番薯经明末到康熙时期的流传与推广，其时国内不少地方已有种植，尤其是南方一些省份，已较普遍。雍正至乾隆初，番薯已成为南方一些地方贫苦人家口粮的重要组成部分。雍正年间，一些地方大员给皇帝的报告就说明了这种情形。雍正三年（1725年）福建巡抚黄国财奏报："查泉州府属之惠安、同安、金门沿海处所，去冬番薯歉收，今春又直米贵，近海穷民不无艰苦。"（《朱批谕旨》卷19下《朱批黄国财奏折》）番薯的收成与下层百姓的生活已有很大关系。雍正六年（1728年）两广总督孔毓珣奏："查潮州民间原多种番薯，以代米粮，现俱大收，每斤卖钱一文，黄冈、碣石一带每十斤卖钱七文，约计一人一日之食，费钱不过一二文。"（《朱批谕旨》卷7之三《朱批孔毓珣奏折》）清代文献中此类奏报还有不少。可见，乾隆以前，番薯主要产于广东和福建两地，并成为下层百姓日常食物，在发生水旱灾荒的年份，更是灾民救饥度荒的救命之物，因此才会进入地方官员给皇帝的奏报中。

⑭戴逸：《戴逸自选集》，中国人民大学出版社，2007年，第256-257页。

⑮康熙晚年，新疆与西藏问题是当时朝廷中最大的政治议题，这与康熙选择继承人问题有直接关系。我在《康熙遗诏1722》一书中有详细描述。

⑯刘统勋是刘墉之父。刘墉因20世纪90年代的电视剧《宰相刘罗锅》而出名。

⑰清政府与准噶尔汗国之间一直有边界贸易往来。噶尔丹时期，到内地进行贸易的人数越来越多，有的使团甚至达到几千人。那些使团一路上无恶不作，他们沿途抢劫蒙古人的马匹，入关以后，随意放牧，践踏田野，掠夺当地民众财产。康熙早期对于噶尔丹派遣的使团没有任何限制，直到情况失去控制以后才限制噶尔丹的使团不能超过200人。不论怎样，噶尔丹次年还是派遣了3000人的使团到内地，试探康熙的政策是否当真。结果是，200人被允许入境，其他人被驱逐出边界以外。噶尔丹抗议康熙的限制令，认为自古以来，与厄鲁特蒙古的贸易都是遵循固定的规矩：使团人数不限。理藩院回复说：规矩变了。噶尔丹寻求"旧制"被拒绝。像其他草原游牧民族首领一样，噶尔丹需要与清朝的贸易来维持自己民族的需求。康熙此时也支持噶尔丹为西蒙各部首领，但利用朝贡贸易限制他的要求。贸易纠纷，仅是噶尔丹三年以后急剧向东扩张的因素之一。清政府并没有切断噶尔丹进

入北京的途径。事实上，到 1686 年，清政府仍然支持他的权力，宣称只有噶尔丹和其他四位喀尔喀蒙古王公有权在北京进行贸易，其他所有部族必须在边界进行贸易。

⑱《张诚日记 1696》，载《清史资料》第六辑，中华书局，1985 年，第 185 页。

⑲《戴逸自选集》第 128—223 页中有详细记载。魏源《圣武记》2007 年版第 156 页中有关于清朝军事远征的记载。当时准噶尔的人口大约有 60 万，"凡病死者十之三，逃入俄罗斯、哈萨克者十之三，为我兵杀者十之五，数千里内遂无一人"。又，在《大清历朝实录》（乾隆时期）以及《平定准噶尔方略》中均有记载。

⑳ 查尔斯·梅尔 (Charles Maier) 以"领土"的概念划分现代世界历史，参见 Charles Maier, "Consigning the Twentieth Century to History: Alternative Narratives for the Modern Era," *American Historial Review* 105 (2000): 808. 此外还有 Derek Croxton, "The Peace of Westphalia of 1648 and the Origins of Sovereignty," *International History Review* 21 (1999): 569—591, 以及亨廷顿在其名著《文明的冲突与世界秩序的重建》中均有论述。

㉑ 明朝时期，蒙古与中原之间的贸易有两种，一种是"朝贡贸易"，由官方操纵，一种是"互市"，即民间交易，在边界或固定的地方不定期开设市场进行贸易。参见《明实录》《明史·鞑靼传》。

㉒ 一般限制在 200 人之内，但是往往进来的人超过 2000 个。马市是导致明朝灭亡的一个重要原因，因为明朝停止马市引起了战争。努尔哈赤多次进北京交易，换米、布，每一次都来 2000 人，表面上是朝贡皮毛、马，实际上是进行贸易。如果当时贸易没有停止，则无战争。明朝末期，蒙古族很驯服，甚至帮助明军打清军。

㉓1973 年，阿谢德发表《十七世纪中国的普遍性危机》一文。1985 年，魏斐德在其《中国与十七世纪危机》中也提出此论述。参见国家清史编纂委员会编译组：《清史译丛》第十一辑《中国与十七世纪危机》，商务印书馆，2013 年。

㉔ 从表面上看，明朝的灭亡是因为明朝统治者的腐败造成的农民起义，而更深层的原因则是 17 世纪危机。明代后期全国进入一个异常干旱的时期。《明史·五行志》，明朝末年郑廉《豫变纪略》（浙江古籍出版社，1984 年），还有宋应星《野议 论气 谈天 思怜诗》（上海人民出版社，1976 年）中都有极为详细的记录。

㉕ 戴逸：《戴逸自选集》，第 256 页。

第五部分

我所知道的清史纂修工程的
细枝末节

启动清史纂修工程"一则以喜,一则以惧"

2001 年 3 月,中国人民大学召开纂修清史论证会,与会的有数十人之多。会议上,所有人一致呼吁启动清史纂修,建议戴逸先生为首席专家,主持修史工程。同年 4 月,中国人民大学又邀请季羡林、任继愈、王锺翰、朱家溍等先生再议纂修清史。这几位老先生都是当时名冠一时的大学者。会议中,他们一致支持纂修清史,并且提议联名向中央上书。会议之后,中国人民大学清史研究所委派郭成康、成崇德两人带着纂修清史倡议书,在细雨中,骑着自行车,分别到季羡林、任继愈、王锺翰、朱家溍等人家中,请他们签字。到了 7 月,国务院召开会议,论证纂修清史的可能性,选定项目总主持人。大多数部委提议由戴逸担任总主持人。2002 年 8 月,中共中央、国务院经过周密调查和审慎考虑,在党和国家领导人亲自批示下,做出了启动清史纂修工程的重大决定。①

2002 年国家清史纂修工程正式启动,这是中国百年来一次重要的大型文化工程。戴逸先生被任命为编委会主任。后来在一次采访中,先生描述过那时候的感想:"我是一则以喜,一则以惧——一方面因为圆了多年的梦而高兴；另一方面内心又充满了忧惧，担心事情干不好，对不起国家，对不起后代。"②

国家修史在中国历史上是百年不遇的大事。中国近 600 多年来修过三次史。第一次在朱元璋洪武元年（1368 年），明军刚刚攻下大都（北京），就立刻下令修元史③；第二次是顺治初年，清军进入北京以后不久，就下诏修明史，实际上到康熙年间才启动，花了八九十年修出《明史》④；第三次是 1914 年，中华民国大总统袁世凯下令成立清史馆，花了 14 年修出《清史稿》。21 世纪初启动清史纂修工程，这在中国文化史上，可以说是难得的盛举。在中国历史上，修史一直是历代王朝的大事，代表了历代王朝的文化业绩，比如谈到宋朝，总要提及《文苑英华》《太平广记》《五代史》《唐史》，说到明朝，总要说及《永乐大典》《元史》，谈到清朝，又离不开《四库全书》《明史》，所有这些构成了中国历史文化遗产的坚实基础，更是中国文化的骄傲。21 世纪初开始的清史纂修工程，对于后世的历史，具有同样的意义。

自古至今，世界上出现过古巴比伦文明、古埃及文明、古印度文明和中国文明。在这四大文明之中，古巴比伦文明、古埃及文明、古印度文明都消失了，而中国文明一直流传下来。中国文明能流传下来的重要条件之一就是中国有一直没有间断过的文字记载的历史。流传下来的二十四史就是最好的证明。21 世纪初清史纂修工程的启动，正是二十四史的延续。

清史纂修工程需要三个条件：第一，在中国历史上，凡是编撰前朝历史一般都是在百年以后，在改朝换代的巨大变革中沉积以后，人们对于前朝有了比较客观的看法才能够进行。就清朝历史来说，20世纪初期根本没有可能进行编撰，那时清朝刚刚灭亡，社会上对于前朝历史充满了偏激的看法，即使编撰历史，也不可能客观。第二，中国历朝编撰前朝史都是一项巨大的文化工程，需要安定的社会环境和充裕的资金，这项工程远非一人之力可以完成，尤其是现代所存留的清朝历史档案之浩繁，更是超越了以往历史上的任何一个时期。第三，此一工程需要大量的专业人才，需要一大批专精清朝历史的专家通力合作，需要一位具有驾驭整个三百年历史、有世界眼光、有深度理性思维的人统领挂帅。我们现在看到的清史纂修工程恰恰具备了以上三个条件。

国家清史纂修工程是当代中国一项重大的文化工程，是学术界百年宏图大业，但其困难之大，远非一般人所知。清代的文献档案基本上都被完整地保存下来，但是，那些档案浩如烟海，不计其数，不像中国古代历史，由于文化不发达，资料比较少，加上战乱等破坏，损失得比较多。比如唐朝以前历史资料很少，一个人穷毕生精力可以读完。宋朝以后，由于印刷术的发展，资料大大增加，即使用一生的时间读完这些资料都有困难。而到了清朝，留下来的史料更多了，犹如浩瀚之海。比如说单单清人的诗文集，根据统计就有4万多种，很多都是稿本、抄本，流传很少，如何处理就是问题。影印4000种，字数就非常庞大，或许会达到4亿字，更不要说什么笔记、年谱、地方志，还有满文、蒙古文、藏文资料，那是一片海洋呀。清朝时期的史料是保留得最完整、最多的, 相比于秦汉、唐宋、元明时期, 清朝所留下的史料是穷一生之精力也无法看完的。记得也是在 21 世纪初, 先生在红楼书房里, 指着书架上的《清史稿》说,《清史稿》有 536 卷,《清实录》达 4484 卷, 但是, 这些还都是第二手资料。

"《清史稿》《清实录》还都是第二手资料? ! 那么, 第一手资料在哪里? "我问。

"第一手资料在历史档案馆, 那些资料基本上完整地保存下来了。"

"有多少? "

"1000 万件。"

"1000 万件? ! "不要说是去读那些文献, 单单将那些档案归类整理排印出来就不知要花费多少人力与时间。

先生接下去说的更是令人吃惊: "1000 万件, 并非每一件都是一片纸, 而是一个卷宗, 大的一件可以装一辆汽车。"

如果记忆不错的话, 清朝时期, 所有的宫廷档案都保存在皇宫中的懋勤殿里。我在《康熙遗诏 1722》中有过描述:

> 懋勤殿是宫中重地, 是保存皇帝亲手御批及朝廷大臣奉旨代批的御旨之地, 更是保存皇帝"起居注"的地方。那些"起居注"记载了皇帝每天活动的一切细节, 那些细节是朝廷中最重要的机密, 那些机密岂止本朝不可能看到, 几百年以后能不能看到还是个问题, 除非清朝灭亡。

　　整个紫禁城是个巨大迷宫，那里的每一道门禁后面都有外人根本不知道的事情。

　　透过层层菱形窗外流进的光线，隆科多只觉得自己格外渺小，大殿里冷冰冰的，完全没有外面人间的气息。他面前放置着一排排巨大木箱，木箱上贴着不同的标签：《内记注》《上谕簿》《丝纶簿》《外纪簿》《通本》《部档》《旗档》《御门档》《内务府档》《红本档》《折本档》《勾决簿》《都察院档》《理藩院档》《国子监档》《寺档》《清字译档》。那些标签上的字迹跳入隆科多眼中之际，他唯一能够感觉的就是心跳。天下间的一切秘密都在此。所有朝廷大臣们、所有皇家宗亲们整天猜测的秘密也都在此，其中任何一条文档丢出去，都会要了那些朝廷大臣的命！说不准哪天他隆科多也会因为这里的任何一档泄漏出去而丧命。

戴逸先生说：

　　清朝时期的宫廷档案不仅是一般人不能看到的，就连皇亲贵族、宫廷大臣也不能窥视。清朝灭亡之后，那些档案大多保存在故宫档案馆中，却几乎没有进行过全面的开发整理。比如嘉庆、道光、咸丰、同治四朝的宫中档案还没有整理，那都是些非常重要的资料，那些档案原来是皇帝放在宫中看的，外面的人根本看不到。现在的人能够看到了，但是数量又非常大。单单是整理这一类档案的工作就远不是几个人能够承担的。

现在有多少人在管理这些档案呢?

先生说:

> 现在有一百多人在管理这些档案资料。但是,这还只是一部分,清朝时期,大量内政外交的文献档案,都用满文记载。当时的许多公文用满文书写,尤其是清前期康、雍、乾三朝,留下的满文档案数量最巨,保存下来的清代碑刻、谱书用满文写的也不少。同时,清朝与中国历史上的历代王朝还有一个不同的地方,即清朝时已进入近代全球化时期,清政府与日本及欧洲国家交往频繁,在英、俄、德、法、日等许多国家的档案馆中,都保存有大量与清朝有关的历史档案。还有不少当时的外国人作为第一当事人写下的清朝见闻,以及研究清朝的重要外文文献。

就此而言,无论是编纂清史,还是研究清史,要切实掌握那些浩瀚如海的历史资料,简直是一件几乎不可能的工作。也因此,对一个人而言,面对那些封存在档案馆中的史料,即使穷毕生之力,也只能从广阔无垠的清史知识海洋中掬取一勺之水,或观其大体态势,或测其某个角落,并不能达到全真和全知。二十年以后,先生谈及此事时说:"吾生也有涯,而知也无涯。"这是一位九十多岁高龄的老人对如何做学问的肺腑之言。

正因如此,编纂一部高质量的《清史》,必须对原始资料做一番认真、切实、细密的研究和整理工作。有清一代的各种文献档案数量庞大，分散各地，杂乱无章，自清朝灭亡以后的百年间，从未经过有计划的全面整理。更进一步说，迄今为止，对其种类、数量、保存地点和保存情况都无从了解。加上年深日久，那些原始档案，纸质薄脆，不少珍贵文献已破损碎裂，行将毁灭。如何收集整理，或妥善保存，或公开出版，使之流传永久，泽及后世，这是保护清代历史文化遗产的大事。因此，清史纂修工程一开始，戴逸先生就设立了纂修工作的基本盘：文献整理与编纂清史同时进行，缺一不可。

迄今为止，编委会做了大量档案文献整理工作，出版的字数已经有几十亿之多。例如，清代有 4 万多种诗文集，范围过于浩大，不可能都做。在此情形下，清史纂修工程编辑影印了《清代诗文集汇编》4 千多种，共 800 册。这是中国历代编史中所没有的。又如，清史纂修工程将中国第一历史档案馆中所保存的一千万件档案中的几百万件进行整理和数字化，完成了档案馆成立三十多年来一直没有完成的工作。这是一项极为艰巨却又极为重要的工作。戴逸先生带领其团队，克服了各种各样的困难，坚持做下去，为后世留下了宝贵的财富，这也是先生对于整个社会做出的贡献。

对档案文献的整理研究是提高清史纂修质量的关键，纂修清史又可以带动清代档案文献的抢救、保护和开发工作。清朝历史时间跨度长，涵盖领域广，不仅有政治、经济、军事、法律、文化和民族等方面，更涉及科技史、艺术史、社会史、宗教史、民族风俗史等，包罗万象。就此而言，纂修清史不仅需要历史学者参与，也需要其他领域的学者参与，才能够写出一部高质量的、真实的、全面的《清史》。

篡修清史，工程浩大，从根本上说，这不是少数人、少数单位在短时间内所能完成的，必须组织社会上学术界的广大力量，群策群力，共襄盛举。基于此，戴逸先生认为，为了调动修史人才，为了利用浩瀚的档案文献和历史资料，为了取得充分的物质和资金保障，该工程应该由政府介入，得到政府的领导和支持。因为篡修清史是一项规模宏大、艰难复杂的系统工程，需要经历很长时间，投入很大人力、财力，任何个人或单位都没有承担这项宏大文化工程的能力。先生说："中国历史上重大的有成效的文化工程大多是由政府出面组织的，历代所修正史以及唐代篡修的《五经正义》，宋代篡修的《文苑英华》《册府元龟》《太平御览》，明代篡修的《永乐大典》，清代篡修的《四库全书》等，无不如此。"

那么，21 世纪的修史与以往历代修史有什么不同呢？先生说，最大的不同是：政府仅是在物质条件和财力上予以支持，学术上并不干预，不会出现以往历史上的"罢黜众说，定于一尊"。这样一项大型文化工程，只有在尊重专家学者的研究自由和学术观点，在百家争鸣的基础上各抒己见，独立思考，权衡至当，择善而从，才有可能产生高水平的学术著作。历史上，凡是编撰前朝历史都是皇帝亲自参与，宰相领衔。因此，在编撰前朝历史的过程中，势必掺入当朝政府的政治观念。比如清朝修明史时只有一个人不是官员。而现在编篡清史的都是学者，清史编篡委员会 25 名成员全都是学者，没有一个官员。这一大型文化工程保持着高度的独立性，不受政府的任何干预。无论是其主体工程，或是具体到每一工程按照什么方式编撰，甚至小到细节上的文字剪裁，中央政府或文化部门完全没有进行任何干预。这是中国历史上没有出现过的情况，是清史纂修工程最为重要的特点之一。

2002 年，国家清史纂修工程正式启动，这是中国历史上"易代修史"传统的持续。戴逸先生在国家清史编纂委员会召开的第一次会议上说：在中国历史上，"前一个王朝灭亡以后，后一个朝代为了总结历史经验，作为治理国家的借鉴，都把修纂前一朝代的历史作为政治上的一件大事来完成，这样的优良传统在历史上绵延不绝，我们的历史典籍特别多，构成了我国丰富的历史文化遗产，这是世界上其他国家没有的。"在中国历史上，被称为"正史"的二十四史就是这样形成的。

组织策划清史纂修工程经历了漫长坎坷的酝酿过程

以国家的财政力量组织纂修清史,从酝酿到实现经过了五十年时间,这其中所经历的各种曲折是外界不可想象的。1965 年先生 39 岁,是"清史编纂委员会"最年轻的一位委员。⑤先生后来回忆当时的过程时说:

建国之初,也就是上个世纪 50 年代,董必武首先向中央提出建议,写一部正式的清史。这个建议受到毛主席、周总理的重视。1959 年周总理委托吴晗考虑一个清史编纂的方案,当时吴晗征求了史学界很多同志的意见,跟我和任继愈等都亲自谈过。但由于当时是三年困难时期,这项工作就停顿下来。之后,毛主席有一次跟范文澜同志说,自己退下来以后,管的事情少了,想读一点关于清史的书。田家英同志当时担任主席的秘书,曾经想编纂一部清史,而且得到了主席的首肯。他收集了很多清代的书法作品,有两千多种,准备作为纂修清史的资料。1965 年秋,周总理委托中央同志召开中宣部部长会议,决定成立"清史编纂委员会",中国人民大学常务副校长郭影秋同志担任主任，而且指定在中国人民大学成立一个清史研究所，这就是今天中国人民大学清史研究所的由来。但是两个月以后，"文化大革命"开始，编纂工作化作泡影，没能实现。不仅实现不了，这件事还成为当时批判中宣部和郭影秋的罪状。后来，郭影秋为了保存在中国人民大学已经集合的一批清史研究力量（当时中国人民大学已被解散，该校的老师被分散到各个单位），就在北京师范大学成立了清史研究小组。直到1978年"四人帮"垮台之后，中国人民大学复校，清史研究小组复归中国人民大学，正名为"清史研究所"。80年代初，有人写信给邓小平，建议编纂清史。邓小平把这封信转给中国社会科学院来考虑。在制定"社会科学六五规划"的时候，曾经考虑过清史编纂问题，并决定要上马，但由于当时经费紧张和其他一些原因，又没有进行下去。⑥

从50年代到80年代，国家组织策划清史纂修工程经历了漫长坎坷的酝酿过程。在这个过程中，先生从30多岁一头乌发在吴晗家中议清史，到70多岁满头白发，仍然意气风发，组织全国学术界几乎所有力量编纂清史。想想看，通常人到了60岁的时候，已经开始进入老年，逐步退休，无力从事繁重的工作。而先生却在70多岁的高龄开始走向历史文化高峰，这需要一种什么样的毅力与精神！这与先生的心态有关。先生是真正在驾驭生命，而不是被生命驾驭。

总之，清史纂修大型文化工程的启动过程，宛如一个历史过程的接力赛跑，从 20 世纪 50 年代到今天，多少参与其中的人当清史纂修工程真正开始启动的时候，却已作古。编纂历史的过程又何尝不是一部历史？这个过程更是与整个中国半个世纪中发生的天翻地覆的变化紧紧相连，可谓历经沧桑。

从另外一个角度看，编纂前朝的历史需要时间上的距离，至少需要百年以上，才能够比较公允地看待前朝历史，如果距离太近，很多历史人物还活着，或者他们的后代还活着，牵扯到利害关系、感情因素，因此，很多人物或事情看不清，或者受限于已有的观念。二十年前，一个风雨之夜，在红楼中，先生提到两个历史人物，一个是汉朝的司马迁，他写了《史记》，在"今上本纪"中批评汉武帝，该书被称为"谤书"。还有一个是北魏崔浩写国史，其中讲到北魏的祖先鲜卑族是落后民族，有许多野蛮习惯，崔浩因此被杀，并满门抄斩。由此而言，纂修历史一般都要在百年之后，前朝所有的人与事都已尘埃落定，撰写百年前历史的人才能不带有太多偏见。此外，先生还提到了《清史稿》的编纂过程。《清史稿》开始编纂时离清朝覆亡太近，修史的人大多为忠于清室之遗老，因而书中有很多诔扬清朝、反对革命之词。而且当时清朝档案尚未开始整理，修史过程多根据国史馆稿件，没有利用原始材料，所以价值较逊。另外，该书成书仓促，未能统一校改，史实、人名、地名、年月日的错误遗漏比比皆是，故而是一部有缺陷的史书。⑦

设计清史的体例架构

编纂一部清史，整理史料的工作只是一个方面，如何设计一部史书既浩大又精致的历史框架，则是更艰巨的工作。想想看，清朝有将近三百年的历史，其中涉及经济、军事、文化、外交、税收、气候变迁、民族关系、疆域划分，将其系统地组织起来形成一套完整的史书，预先搭建起一个可以容纳所有这些内容的宏伟架构，谈何容易！像纂修清史这一类巨大工程，第一，要完全了解掌握过去二十四史是如何产生的，知道二十四史的长处与短板；第二，要知道当前世界范围内历史学家们是如何编纂历史的；第三，要事无巨细地了解整个清朝的产生、发展、变化；第四，要有极强的文字与概念理解能力。这四条，缺一不可。如果整体框架设计出了问题，就会直接影响到清史编纂。这也如同盖一栋巨大无比的大厦，或是一艘巨大的航空母舰，没有一个包含所有细节的完整设计图，哪里还谈得上整体施工！像元代史学家欧阳玄，他对《宋史》贡献最大的是他为修《宋史》确定了大体方针，拟定了编修凡例等。

如何设计清史的架构，从 2002 年到 2004 年，编委会在戴逸先生的带领下，在全国范围内组织开展了体裁体例大讨论。在设计清史整体架构过程中，编委会进行了 10 个月的调查研究，调查的对象很广泛，不但有专家学者，还有工人、学生，前后收到 1300 份书面意见，大体上都赞成以综合体的方式编纂清史。

先生领导下的整个团队，在集思广益的基础上，拟定出了基本的《清史》卷次目录，形成了涵盖《清史》内容的结构框架。

经过多次会议讨论，2003 年，先生在一次会议上提出了具体的设想：

> 中国传统史书一般都有纪、传、表、志几个部分。现在修史，需要参考借鉴传统的体例，但不能照搬旧的体例，要创造新的体例。经过多次讨论，新修《清史》设置五个部分，即通纪、典志、传记、史表、图录。这五个部分组成了清史编纂的主体工程。

为什么要采用这样的体例？

先生解释说：

> 一方面，集成了传统史书的体裁，一方面，也吸收了 20 世纪以来新的体裁，它们各有长处。传统的纪、传、表、志体裁的优点是，有比较大的包容性。中国传统史书，如二十六史，都是用传统体裁写的，直到 20 世纪，从梁启超、章太炎开始才有了章节体，以后的 20 世纪几乎都用章节体，而传统体裁几乎被废弃不用，只有罗尔纲修的《太平天国史》用了传统体裁。

先生所策划的编纂清史的框架是，主要采用传统史书的体裁，发挥其包容性大的优点，从各个方面反映清代历史内容，体现历史发展演变的丰富性和多样性。同时吸收 20 世纪以来盛行的章节体的长处，表现历史发展的大趋势，揭示历史规律，对历史进行连续性的、立体式的、有重点的编写。设计的五个部分中，其中四个部分采用传统体裁，一个部分，即通纪采用章节体。

通纪是纂修清史的纲领

过去的二十四史最重要的部分是"本纪"，就是以皇帝为主体的历史记录，现在编纂的清史，则将"本纪"改为"通纪"。所谓"通纪"，按照先生的解释就是通史。先生认为，通纪的"通"就是司马迁讲的"通古今之变"，其中强调的是记录事实，而不是发表意见。这部分是全书的核心，是全书的纲领，应该做到史实准确，观点正确，对历史大势做出清楚的交代。通纪用 8 卷本、300 万字的规模，把清代三百年历史加以扼要的叙述，前后贯通，表现历史发展的大趋势和当今的历史观，阐明清代从崛起、发展与鼎盛，到衰落以至灭亡的过程。这里面，当然要多方面反映清代政治、经济、军事、文化的内容，包括阶级斗争、民族斗争各个方面，也包括意识形态、社会生活各个方面。这 8 卷是宏观的叙述，一方面不能过于简略，否则很多问题就说不清楚；另一方面又不能太细，内容过多通纪部分承担不了。要解决这一问题，很多内容就要由志、传、表、录分别承担。

通纪分为 8 卷，这是根据清史的内容和新修《清史》各部分的比例，经过反复考虑之后才定下来的。在筹划过程中，有一种意见是，通纪不宜多写，写 2 卷就够了。但是先生认为，如果这样写困难很大。第一，要阐明清朝三百年发展大势，2 卷根本不够，100 万字以内不行，3 卷也不够，8 卷已经是比较少了。三百年的时间跨度很长，内容太多，前后变化太大，比较短的篇幅难以说清这个大势，很多问题说不清楚。第二，通纪部分涉及的内容，比如阶级斗争、民族斗争、经济基础与上层建筑等，各个方面都需照顾到，不能太简略。通纪重点讲政治、军事、外交这些问题，这些问题也只有在通纪里可以说清楚，在别的版块就没有地方可以讲了。比如军事，清朝战争频繁。17 世纪打了一个世纪。18 世纪是太平世纪，当然也有乾隆朝的十大武功，但是战争还算比较少。到了 19 世纪，又打了一个世纪，从白莲教、太平天国运动到鸦片战争、中法战争、甲午战争、义和团、八国联军。哪个志能写战争呢？兵志是不能写战争的，因为兵志是记述军队的编制的，如八旗、绿营的编制，不能写打仗的事，所以，不能指望兵志来记述具体战争问题。那么，传记能写吗？的确，有些人物参与过战争，可能是个统帅，但一次战争中统帅常常撤换，写一个人物不可能贯穿地写一场战争。至于表，就更无法反映战争的内容了。显然，只有通纪才能反映这么多重要的、激烈的战争，这些内容很重要，只能在通纪部分记述。再如，鸦片战争的过程不一定展开，不能写得很多、很详细，但是不能没有它。政治斗争也是这样，有许多重大的政治斗争，如雍正夺嫡问题，有各种不同意见，有的认为雍正是合法继位，有的认为雍正是非法继承，这些都可以讨论，但雍正继位这件事不能不写，放到哪里去写呢？也只能在通纪里去写。雍正帝传肯定要写这个内容,但涉及人物多,内容也多,不能全写进传记里。再如,北京政变,慈禧上台,当然可以在慈禧传里写,但主要还是在通纪里写。因此,没有相当规模的通纪,就无法处理这些政治上、军事上的重大事件。

通纪分为 8 卷,实际是把三百年清史划分为 8 个历史阶段而设的。这 8 个阶段是:

> 第一卷,满族的兴起和清朝建立(1583—1643);第二卷,清朝入关和确立全国统治(1644—1683);第三卷,经济恢复、发展和康熙之治(1684—1722);第四卷,雍正改革和乾隆统一全国(1723—1776);第五卷,清朝中衰(1777—1839);第六卷,外国武装侵略和国内农民起义(1840—1864);第七卷,清朝自强运动及其失败(1865—1895);第八卷,清末改革和清朝灭亡(1896—1912)。[⑧] 通纪约 300 万字,占整个《清史》3000 万字的十分之一。通纪之重要,完全可以说是全书的核心与总纲。它是全书的总轮廓,是一条主线,是贯穿《清史》全书的线索。

先生形象地说:

> 三百年的清朝历史像一条万里长江,源远流长,波澜壮阔,气象万千,雄伟壮观,你怎么样来认识它?怎么样来认识长江的真面目?你不能把长江的某个河段、某个景点、某个港湾看作长江,三

峡虽然宏伟，但它只是长江的一部分，不是长江的全部，因此你只能把它浓缩，才能看清它的全貌，浓缩到地图上的一条线。虽然长江的本来面貌不是一条蚯蚓般的小线，但只有浓缩到地图上的长江，我们才能看到它的源头，它的入海口，它流经的省份和城市，它接受的支流，才能相对看清它的漫长曲折，看清何处它是奔流的，何处它是拐弯的，等等。从这个意义上来讲，地图上的长江最接近长江的全貌。为了认识全貌，浓缩是必要的。

基于这一观点，先生认为，现在编纂清史，也必须要贯穿一条主线，必须要有鸟瞰式的全景，必须要浑然一体。

典志是纂修清史的关键

在纂修清史的架构中，通纪之下，有典志和传记。如何规划典志，编委会也开过很多会议讨论。典志是典章制度，是社会状况各个领域的历史。在以前的二十四史中，典志写得很少，一般只写十几个；而在现在的清史工程中则计划写41个，其中很多典志又是新开辟的领域，比如生态环境志、城市志、宗教志、教门会党志、交通志、人口志（分析人口组成、数量、迁徙等）。清史工程将典志编撰的范围扩得很大，将历史现象网罗无遗，可以说是一项贡献巨大的成就。

按照先生的规划，通纪是从纵向观察清朝历史的全过程，典志和传记则是从两个横断面记录清朝三百年的社会生活和人物活动。通纪是历史的骨架、脉络，而典志、传记更能显示出历史的丰富内涵。

典志的取舍也非常重要。先生曾提到几个典志，如天文志、地理志、盐政漕运钱币志、西学志、城市志，这些志究竟要不要写，或者怎么写，先生一直犹豫不决。

比如说，天文志就不好写，现在的历史学家写不了，看都看不懂。二十四史中有天文志，《清史稿》中也有天文志，一般人却看不懂，连名词都看不懂，不知所云。先生开始的时候一直很犹豫，后来，一位院士专门为此给先生打电话，说是要写。先生问应该怎么写呢？资料够不够？院士说地方志中资料很多，肯定能写。所以，先生就将天文志列入计划当中。

地理志在《清史稿》里篇幅极大，一直写到每一个州县，描述虽然简单，但因为州县多，所以量很大。所写主要内容一是全国州县的"冲繁疲难"，二是离省城有多远，三是山水有哪些。相关著作有谭其骧主编的《中国历史地图集》，但是这个历史地图集不够细，没有细到县。如果要写，则又非常费功夫。

盐政、漕运、钱币，这三件是清朝的大政，也是清朝的重要制度，各种议论很多，各种主张也很多，史料也很多，但是从今天来看，这三件并不是太重要的事，漕运今天没有了，铜钱已经不用。若要放在一起写，恐怕也不容易，难度很大。如果分开，盐、漕、钱各写一个志，这样志的篇幅又会太大。

西学志，先生暂时用这个名称。西方文化传入中国，从哪里写起？是从清初写起，还是从鸦片战争写起？整个西学内容非常广泛，包括自然科学、社会科学、文学艺术等，怎么划分？到底写哪些相关内容？这是个难题。

再说城市志。清朝晚期各种各样的城市很多。一种是口岸城市，如上海是新兴口岸城市，发展很快，鸦片战争时只是一般的县，到辛亥革命时期已经是繁荣的城市。广州也是如此。另外一种是传统城市，比如扬州，原来非常繁华，后来衰落了。还有北京，是城市之首。清朝城市种类繁多，不可能逐个城市地写。

将典志的架构规划出以后，更麻烦的是，每一个典志的内容又太多，如何写？

比如，民族志。是一个民族一个民族地写，还是只写满、汉、蒙、回、藏这几个有代表性的民族，还是按东北、西北、西南这样分地区写？

比如，兵志。清朝兵志很复杂，清初有八旗、绿营，后来有团练、湘淮军、新军、北洋水师，这些内容都得写，每个内容如果只写五六万字，就要高度精练、浓缩，相当困难。

比如，外交志。是写一个总的外交志，还是按中国与各国、各地区的关系来写？如中俄、中英、中日、中法关系，中国与东南亚、朝鲜半岛、美洲国家的关系等等，所有这些中外关系，如果放在一个志里，怎么写？

比如，宗教志。宗教有佛教、基督教、萨满教等，还有民间宗教。民间宗教算不算宗教？民间宗教与邪教如何区分？哪些是民间宗教？哪些是邪教？每个宗教写六七万字，一共四十多万字，怎么写？如果分开写，每个宗教一个志，量太大，也不可能。

由此而言，典志的内涵丰富庞杂，如何分解、如何写是一个大难题。接下去，就是每个典志内部如何划分。

比如，学术派别划分。清代学术流派很多，有宋学、汉学、经世

学、今文经学、古文经学，还有新学。在讨论会议中，有人提出划分为
经学、史学、诸子学，而这几类都是考据学，是否能囊括整个清代学术
呢？理学、边疆史地学、宋学和新学放在哪里呢？清代如此多的学术流
派，怎么划分？

比如，文学志。清代文学体裁包括小说、诗词、散文等，内容很
多，各立一个志，还是合在一起写？小说《红楼梦》《儒林外史》《聊斋
志异》等著名作品，不定位也不行。散文有桐城派，从方苞以后一直到
清末，源远流长，很有名。诗词有清初渔洋派、神韵派、翁方纲肌理
说、袁枚性灵说、宋诗派、江西诗派、黄遵宪的新诗派等，相当发达。
不能全部都要，要舍弃，但是舍弃哪些呢？

比如，戏剧志。本来想把京剧、昆剧分开来写，尤其是京剧，它是
中国戏剧文化的代表。但仅仅是京剧，内容就已很丰富。地方戏剧也很
多，如梆子腔、弋阳腔、乱弹、秦腔等，这些不能不写。此外，还有曲
艺、大鼓、杂耍、皮影戏、相声等民间艺术，是都写还是有选择地写
呢？这方面的研究著作不多，目前市面上有的也大多是描述现象，更深
的研究比较缺乏。

比如，艺文志。这个问题就更多了。《清史稿》的艺文志分经、史、
子、集四卷，一共收录九千多种书，不到一万种，可以说，这个收得太
少了。后来，王绍曾先生补充到五万余种，见《清史稿艺文志拾遗》（全
三册）。艺文志是一个朝代典集的总结。而在清代，即使上面讲的五万
余种也是不完全的。这么三大本都写成艺文志，这能行吗？一二百万字

写一个志，那怎么行？可是，不然又怎么办呢？实在是一筹莫展。清代的书籍那么多，即使写个目录，也要上百万字。

在与专家们一次又一次的探讨中，先生设想出一个架构：写个清代著述总目，而不放在新修的清史里面。这个清代著述总目，绝不止五万种，恐怕要十万种，比王绍曾的还要多。然后从这十万种里面挑选一些重要的书目，大约几千种，放在清史艺文志里。而这里面，如何挑选是关键。这是个大问题，不可能把十万种书都看完以后再挑选，那只能凭印象，向大家征求意见，就像开一个必读书目一样。或许，我们可以将这种做法视为一种创新。以往史书中的艺文志还没有这样一种艺文志，从前的艺文志都是将从古到今的书，传下来多少全部著录。到了明代，这种做法行不通了，因为明代若把从古到今传下来的书都著录，再加明代的书，那就太多了，所以明代就有一个创新，它就只著录明代的书。

先生今天提出的做法也是一种创新。那就是，不仅不把一代的书都收进来，而且要挑选，选少数的书。只是这样操作的难度相当大。因为，尽管不能全看所挑选的书，但还是要挑选出比较适合的书、重要的书、产生重大影响的书。有的书不用看就知道是重大的，但有些书不看一看，就不知道它是否重要。

所以，单单一个志，如何写，框架如何搭就是大问题。能不能做好志是修清史的一个关键。进一步说，志里面还有一个分歧：志与专史是什么关系？按照先生的意见，新清史将把专史与志放在一起，统称典志或史志。

所谓志，从广义上说，可以分为两部分：一部分是典章制度，一部分是专史。典章制度可以叫史，礼制、兵制这些典章制度都是史，都可以放在志里。郑樵的《通志》里也都是典章制度。那么，专史能不能放在志里面呢？宋代的郑兴裔在《广陵志·序》中曾经说过，"郡之有志，犹国之有史"，也就是说，某郡立个志，相当于国家有史。可见，他把当时的地方志看成国家的历史。所以某一地区的专史犹如国家的历史，可以放在志里。

传记是纂修清史的重要部分

除了典志，纂修清史的另外一个重要部分就是传记。二十四史皆为纪传体。传记在纪传体史书里占的分量非常大，本纪是纲，传记是目。二十四史里面有很多只有本纪、传记，没有表、志，所以后人有很多补表、志的，但没有补传的。没表、没志可以成一部史书，但是没有传记就不可能成为正史，无传不成史。

戴逸先生在20世纪80年代初期，对于清朝时期的人物传记就进行过研究。当时戴琛也参与了清代人物传记的编写工作。他告诉我，当时单是如何选清朝时期的人物入传就花费了非常多的时间。先生后来也提到过，根据对71种清人传记汇编的粗略统计，目前可以看到的清朝人物传就有四万多个，这些人物传散落在《清史稿》《清史列传》《国朝耆献类征初编》《碑传集》（正续补编）、《八旗通志》《清儒学案》《满汉名臣传》等典籍中。除此之外，文集、地方志、野史、笔记、家谱中还有很多传记。从如此之多的传记中进行挑选，本身就是一项艰巨的工作。

正是因为先生早期对清朝人物传已经有了系统性的探讨与研究，在清史纂修工程启动之际，对于如何写人物传，先生已经有了一整套的设计。先生提出：新修清史的传记部分要大大改变以往传记的做法。以往传记的正传原来都是写的官员，而且都是大官，小官还排不上。像《清史稿》的正传写的全都是政治军事人物，即使有几个学者，也是因为他们当过大官才写进去的，而不是因为他们是大学者。比如王士禛入正传，是因为他是工部尚书，而不是因为他是诗人。同时代的黄宗羲、顾炎武、王夫之等大学者都没有入正传，只在类传里。戴震是清代有名的大学者，也在类传里。至于医生、工匠、艺术家更全在类传里。蒋廷锡是大画家，在正传里，因为他是大学士。曹雪芹、蒲松龄甚至在《清史稿》中找不到。文学家袁枚、桐城派鼻祖姚鼐也没有入正传。还有商人，如盐商宛平查家、山西范家也没有传，红顶商人胡光墉也没有传。程长庚作为京戏的创始人，《清史稿》里也没有传。

　　戴逸先生在多次讨论会上提出这一问题，特别提到清朝时期的雷家。雷家有什么人？我从来没听说过，大概社会上一般百姓也无从知晓。2003 年，记得还是在红楼书房里，先生刚刚开完会，会上讨论的就是传记部分。先生说："你们不知道，这很正常，但也不正常。"

　　雷家在清朝时期有个称号，叫"样式雷"。

　　"什么是'样式雷'？"

　　"样式雷"的雷家世世代代都是宫中的掌案。

"什么是掌案？"

在清朝时期，掌案负责建筑设计与施工。雷家七代人在清朝时期 200 多年中，其实担任了清朝宫廷花园建筑的总设计师。

时间上，横跨 200 多年，空间上，囊括了几乎所有清朝的宫廷院落与花园的设计施工。这是一个什么样的家族！恐怕整个世界历史上，都没有出现过这样的现象：一个家族七代人，在 200 多年时间里，只从事一个事业，设计建造世界上最宏伟的皇宫、皇家园林、皇家山庄。那些宏伟壮观的建筑与园林保存至今，成为今天全世界的文化遗产。如今，谁还能够想象得出秦朝的阿房宫、汉代的长乐宫、唐朝的大明宫究竟是什么样子？谁又能知道唐代的华清池是什么样子？在中国建筑史上，"样式雷"家族设计建造的那些建筑达到登峰造极的地步，完全可以与法国的凡尔赛宫、英国的白金汉宫、俄国的克里姆林宫相比。清朝时期的"样式雷"家族七代人是中华民族的骄傲，他们无论是在宫廷建筑设计上，还是在园林设计上所表现出的非凡之力，可谓巧夺天工，至今无人能够超越。他们在中国建筑文化史上建立了不朽功勋。

这里，也可以做这样一个比较。刚刚在美国过世的著名建筑师贝聿铭因设计法国卢浮宫拿破仑广场上的透明金字塔而名噪一时，记入史册。那么，设计与建造了几乎整个清朝时期的宫廷建筑的雷家又值得怎样浓墨重彩的传记呢？

还不仅仅是这些。先生说：

> "样式雷"家族七代人在 200 多年时间内，所设计建造的建筑包括圆明园、颐和园、北海、中海、南海，以及京城的王府、御道、河堤，他们遗留下来的作品被列为世界文化遗产的就有现在的故宫、天坛、颐和园、避暑山庄、清东陵等。

实在不可思议！现代人在度假时最常去的那些著名景点居然都与一个家族有直接关系。

先生说：

> 历史上，全世界有哪个家族曾经创造过这么多的建筑精品，创造出这么多的世界文化遗产？这样的家族，好几代人都可以入传。但是，去翻翻《清史稿》，里面没有一个雷家的人入传。只在目录中有一个，雷发达。仅仅写一个雷发达远远不够，这样的家族应该大书特书，不止写一代，后代重要人物也要写，如雷发达之子雷金玉，四代孙雷家玺，五代孙雷景修。他们留下的材料很多，有家谱，资料保存完好。
>
> 如果将这些人物写入传记，就会与以往的传记有非常大的区别，面貌就与《清史稿》不一样，只要打开传记部分，就可以看到各种各样的人物，色彩斑斓，形象丰富多样。

按照先生的设计，传记共 22 卷，其中正传 15 卷，类传 7 卷。传统史书也是这样划分的。传记记述各种类型的人物,从帝王将相到三教九流,凡有贡献的、有名望的,而且也有史料的都要写传记。精彩的史书以传记最为吸引人,像《项羽本纪》《屈原贾生列传》等。传统传记很多都是合传,四五个类似的人,合成一卷传记,而现在编纂的清史则较少采取合传形式,大多数单独成传。但是有些情况可以采取附传的形式,比如某个人和一些次要的人关系密切的话可以用附传。像岳钟琪,在康熙雍正年间是重要人物,所以他有单传,但是还有附传,一个是他的叔叔岳升龙,一个是他的堂弟岳钟璜,还有他的儿子岳睿,他们虽然也是重要人物,但是没有那么多事可记,够不上写单传。此类例子很多,因此《清史稿》中的附传很多。

再有,新修清史中,传中设 7 个类传,这些类传与以往的类传不一样,以往都是皇后类传、太监类传、党锢类传等等。而在新修清史中,很多类传是新的。这是因为清代社会有一个特点,它是一个过渡社会,从旧社会、传统社会向近代社会过渡。在这期间,产生了许多人物,新的方生,旧的未死,新旧交替,有许多人物带有一些新社会的特点,但不是很鲜明,名气不大,事迹也不多,但他们代表着一个新的势力的崛起。这样的一些人物,应该写,应该立传。《清史稿》中找不到他们,例如陈启源,他是清朝晚期第一个民族资本家,《清史稿》中就没有他的传。这类人物很多,历史上不曾注意到,很多人物即使到现在我们也不知道,都应该去挖掘,去立传。再比如清朝时期的科学家,他们不一定是传统的学者、文人,因为近代机器工业的产生,工厂里有许多工程技术人员，他们名不见经传，但是就是这些人为中国早期的工业建设贡献了力量，像魏瀚、陈兆翱，他们是清朝末年的留法学生，在福建船政局工作，主持制造军舰，这在当时是非常了不起的大事。此类的人物非常多，像汉阳铁厂的李维格，在兰州组织建造黄河铁桥的彭英甲，江南制造局的萧穆，他是研究西北地理的，还有中国最早的西医黄宽，他与容闳一起去美国留学，回国以后做了医生。这些人在《清史稿》传记中一个都没有。这些人物当然要写，如果说现在编纂的新清史传记有什么亮点、创新，恐怕就体现在类传中。总是写一些人尽皆知的传统人物，就没有创新，没有新意。

列传中要写多少人物？经过多次会议讨论，一般倾向于写1500到2000人。这里的问题是，谁能立传，谁不能立传，标准是什么。重要的历史人物不能漏掉。

《清史稿》中就漏掉了一些重要人物，像乾隆嘉庆年间的书法家、文学家翁方纲，乾隆年间的文献学家、藏书家朱筠都没有，这一点遭到后人批评。现在纂修新清史，需要先将《清史稿》中的传仔细研究一下，看看哪些人的传立对了，哪些人的传立错了，还有哪些人遗漏了，需要重新立传。

还有个问题是如何写传。写传既要全面又要精练，不能拖泥带水。以前中国人民大学清史所与中国社会科学院出过一部《清代人物传稿》，一共20卷。这套书是现在纂修清史的一个基础。不过，《清代人物传稿》中的错误很多，书中有的叙述不准确，只能做参考用。《清史稿》中也有很多错误，但是其优点是事增而文简。其实，做文章的要义是，文章要写得典雅一点，字少一点。文章写得精练非常重要。具体到每一个传记需要多少字，怎么写，人物传如何分类排列，无一不是头疼之事。

21世纪编纂清史要用什么样的文体书写，用白话文还是用文言文呢？这也是一个大问题。用文言文，后来人可能看不懂，也达不到《清史稿》的水平。《清史稿》写得简练，当时的作者很多属于桐城派，都是桐城派的文学家，文章写得很好。用白话文的问题在于字数会很多，篇幅会很大。先生最后决定，还是用白话文写。

史表与图录是纂修清史的创新

通纪、典志和传记之外，还有史表与图录。《清史稿》中有 10 个表，当前编撰的《清史》中则计划了 22 个表。例如：报刊表中包括了当时出现的报刊，何时创刊以及简介；进士表中包括了清朝时期 27000 多位进士，这些进士的出身经历都囊括在内；活佛表中包括了西藏四大活佛：达赖、班禅、哲布曾丹巴、章嘉。

尤其值得注意的是图录。图录入史是 21 世纪新修清史的一大创新。图录的作用在于以图明史、以图补史、以图证史，换句话说，就是用图录反映人文历史，用图录补充文字历史，用图录形象地表现历史。以往的二十四史，没有一部含有图录。什么是图录？先生在一次会议上特别为图录正名：

> 这一命名绝非我们随意杜撰，自有其历史依据。蔡文姬的父亲蔡邕著有《汝南太守李公墓碑》，其中有"奕世载德，名昭图录"的佳句。"图录"一词最早的出典应在于此。另外，章太炎的《驳康有为政见书》也认定"图录有征"，强调"图录"作为证据的可

靠性。基于以上征引，我们命名了"图录"，设置了图录卷。

过去的二十四史中没有图录，因为古代没有照相设备。但是，这并不是说中国古代没有图。中国古代的图与书往往相提并论，"图""书"二字并列使用，才有"图书"一词。古书中有"河图洛书""左图右史"的说法。

二十四史里没有设置图录，使人疑惑。司马迁在《史记·留侯世家》中曾说，原以为张良相貌奇伟，身材魁梧，但观看图画之后才知道，张良"如妇人好女"，可见汉代已经出现图画。然而，司马迁是在哪里看到的张良的图？如果有，为什么没有编入《史记》？推测其中原因，最有可能的是古代的图与书是分开的。汉代的文字是刻在竹简上的，竹简宽度有限，比较狭窄，没法画图。至今我们看到的汉代图画都是以绢为载体的。像马王堆出土的图画就画在绢上。竹简与丝绢是无法编为一体的。古代史书不见图画大抵源于此。这一论断，先生在红楼里谈过几次，在编委会上也特地提出过。其实，这种论断本身就完全值得下功夫做进一步的研究。

清朝时期的图很多，晚清还有了照片，现在故宫博物院里就存留有几万张，还有国外的。当然，国家图书馆和地方上也有很多，尤其是地图特别多。图片可以证史，在一定意义上，它比文字记录更加形象、直观、丰富，有时候一幅生动的图片可以胜过千言万语，所以郑樵非常重视图，他说，"置图于左，著书于右"。编委会的图片库中就存有20多万张图，预计将从中挑选出 8000 张图画和照片作为图录，直接反映清朝面貌。

与二十四史相比，21 世纪开始编纂的《清史》加入图录一项，完全可以说是一种创新。因为没有前人的经验可以参考借鉴，一切只能靠编委会自己去摸索探讨。图录本身就是一门学问，其中涉及整体设计、科学分类、真伪鉴别、严谨编纂、文字说明等一系列问题，既有技术攻关，也有理论规范。当然，现在的印刷条件远远超过古代的水平，这给收图入史提供了极大便利，编纂出版精美、考究的图录已经不再是一件难以实现的事情。此外，清代图片资源非常丰富。清代纪实性图画多得不可胜数，舆图、风俗画、肖像画、作战图，种类繁多。晚清时期又引进了照相技术，图片摄影便利许多，大量晚清老照片喷薄而出，可以用来拼接历史记忆，复原历史。照片能够非常真实地反映历史时期的人物、建筑、器物、风俗以及场景，而关于这方面的图片多来自晚清之际来华游历的外国人。外国人来到中国，对一切都感到新鲜，他们撰写日记，拍摄旅游照片，回国之后出版描述中国社会面貌的图书。许多书里面附了照片，真实记录了当时中国社会的人文风貌。比如市面上可以看到的《俄国人在黑龙江》，其中就有大量的照片。

目前散落在市面上的清朝历史图片可以说是汗牛充栋，无法精确计算。苏州大学图书馆馆长王国平，以一人之力，花费五年时间，就收集了 5 万张清代（不止清代）历史名人图片。中国第一历史档案馆中有至少上万张图片，故宫里面也有几千张。目前全国范围内还没有一个机构收集这些图片，如果下功夫的话，清史编委会将是第一家。

收集到大量图片以后，如何编纂是一门要务。如何分类，如何选图，如何制作，都是问题。比如，肖像类，是否应该单成一卷呢？所谓肖像，是杰出人物的个人像，不是群像。例如清帝狩猎、群臣朝拜、信使朝觐、接见外藩就不是肖像，而是群像。关于战争的图画或者照片，场面千军万马，也是群像。肖像一般是指一个人，或者有名有姓的几个人的图像。众多肖像集中起来，其本身就可以自成体系，成为一个清代名人的画廊。从努尔哈赤开始，一直延续到光绪，甚至到溥仪幼年时期，不分类别，一律按照生卒年流水排列。以肖像来反映清朝的历史，使人们知道清朝有哪些历史名人，乾隆朝有哪些封疆勋吏，其身高多少，这些画像都能反映出来。

纂修清史要有世界眼光

　　清史编纂的整体架构确立的同时，戴逸先生又提出另外一个观点：清朝是中国历史上最后一个封建王朝，其与历史上历代王朝相比的一个重要特点是，中国在这一历史时期无法避免地与世界接触。清代的300年自始至终都在和外部世界交往、接触，尽管清朝实行闭关政策，但不可能完全封闭。世界一体化的浪潮在汹涌前进，中外之间相互接触，相互往来，最后被列强破关而入。我们研究这段历史要有世界眼光，要有广阔视野，不能局限于中国之内，也不能只收集利用国内的史料，既要从整个世界的发展来观察中国的历史进程，也要从中国局部地区和事件，联系世界的历史背景。

　　这一观点，先生在20世纪80年代末就已经提出了，先生组织编纂的《18世纪的中国与世界》即是这一观点的具体体现。在国家清史编纂委员会成立之际，先生重新提出这一观点，其用意是将清史编纂工程放在世界历史的角度上进行。单单从这一点看，21世纪的清史编纂就与过去的二十四史有根本的区别。

　　按照这一观点，先生在清史工程启动之初，规划设立了编译组。其后十年中，编译组所起到的作用是中国历代编纂前朝史中所未见的。[9]

清朝的历史与以前的汉、唐、宋、元都不一样。清朝时期，中国的历史已经与外国的历史交织在一起，与世界各国关系非常密切。早在明末清初之际，西方就派遣了很多传教士到中国，这标志着近代中国与西方世界之间接触的开始。那些来华传教士写了很多关于中国情况的记录。当时有个规定，每个传教士定期要向罗马教廷报告在中国的所见所闻。传教士的书信集已经出版，十几个国家都有译文。那些早期来华传教士的书信集中留下了非常多的第一手史料，涉及中国的政治、文化、经济、天文地理、地方风俗，弥足珍贵。尤其是 1840 年以后，中国被动地卷入世界潮流中，在战争、贸易、金融等各个领域，中国都无法避开世界潮流。关于那一段中西方接触的历史，世界各地保存了大量的原始史料，那些史料是清朝历史发展过程的重要组成部分。如何寻找那些遗留在世界各国的原始档案，如何收集编译那些档案，是一件非常困难却又极为重要的工作。

清史编译组成立以后，在对外联系的过程中起到了重要作用。他们组织编译了众多外国文献档案，结交了很多国际知名人士。国际上很多知名学者，如孔飞力、史景迁等美国研究清史的权威，还有法国的汉学权威巴斯蒂夫人，俄国的米亚斯尼科夫，他们都对纂修清史报以极大关注。同时，编译组联系召集了世界上研究清史的各方面的学者专家进行合作。通过与世界各国学术界的大量接触，清史工程引起了西方学术界的热烈关注，也得到西方历史学家们的支持，包括梵蒂冈罗马教会与美国国会图书馆都有合作意向。清史纂修工程是一项提升中国软实力的巨大工程，是直接影响到后世的工程。

散见于世界各地的有关清代的文献非常多，那些原始档案对于研究清朝历史有直接帮助。先生在一次谈话中特别提到一个案例：康熙时期的法国来华传教士李明写的《中国近事报道》一书中存录了他14封书信，其中对于清朝康熙年间与准噶尔在乌兰布统之战的描述与中国历史书上的记载完全不同。中国所有史书中都记载着那是一场大胜仗，即使是在先生主编的《简明清史》中也是这样写的。而在李明的记载中，那场战争是一场大败仗。

这是怎么回事？

先生说：

> 仔细想，李明说的可能有道理，因为李明当时正在北京，他是外国传教士，跟这场战争没有关系，没有编造谎话的必要，而战后清军总司令也就是康熙的哥哥福全，被留在北京城外，不准进城。福全请康熙赐其死罪，康熙是怎么答复的呢：你死在北京还不如死在战场上。这么严重！佟国纲战死了，韩大任也战死了，清朝整个炮兵被消灭了。那是一场真正的大败仗。
>
> 中国统治者一向有讳败为胜的毛病，人们就以为真打胜了，你按他说的写，都是胜仗，就上当了。后来我查史料时发现，乌兰布统之战后清朝受处分的官员很多，波及面很大。

李明写的《中国近事报道》就是编委会编译组组织翻译的,其也说明,研究中国历史,尤其是清朝时期的历史,仅靠中国官方的资料不够。编译组的工作为编委会打开了通向世界的门户。

这说明什么?先生说:"中国的档案当然很重要,但尽信档案不如无档案,中国的档案里边记载的战争没有失败的。"

编译组所起的重要作用不仅仅是收集整理西方世界、东亚等地有关清朝时期的历史档案文献,或将论著翻译成中文,同时,也将中国目前的清史纂修工程传播到世界。编译组所起的重要作用是在各种翻译过程中让更多的中国历史学家了解世界学术界对于中国的看法,同时,也让世界读懂中国。其所起的作用不仅是与世界沟通,不仅是一般意义上的翻译介绍,而且起到了窗口和桥梁的作用,起到了直接与世界各国文化顶端学府机构建立沟通的作用,起到了直接疏通中国文化、中国概念的作用,而其所得到的回应又完全是正面的,这是编译组成立之初所未能料到的。三百多年来,中国与西方在彼此了解中一直存在着巨大鸿沟。不同民族、不同宗教、不同文化、不同体制的国家之间的互相理解是一件极为重要却又极为困难的事情。中国需要世界读懂中国,中国更需要读懂世界。

国家清史编委会成立编译组本身就具有开拓性,用世界眼光、世界史料来研究中国,这在以前是从来没有的。外国人怎么看中国与中国人自己怎么看中国有很大区别。"用外国史料来研究中国,这是很有开拓性的工作,将来可能会成为一门学科,有这么丰富的史料,可以在学校中开一门课，可以写多少本专著，永远写不完。从长期来看，这种资料的积累是很有意义的，我们现在刚刚开始，做的是奠基工作，奠基工作都做不完，有开拓性。"⑩编译组翻译了大量欧美学者研究中国历史，尤其是清史方面的专著，国内学者可以从中了解西方世界是用什么样的眼光与思维研究中国的。

同时，编译组也为以后的史学创新开辟了道路。编译组从海外发掘的资料都是新的，而一般历史学创新都要靠新资料，像是现在的敦煌学，就是因为发现了一批敦煌文书。现在，编译组发现了一批外国资料，外国人对中国的看法不一样，观点不一样，利于创新。对此，先生特别提出了凌力的历史小说《少年天子》："说顺治皇帝有个董鄂妃，从前有人说，董鄂妃可能就是董小宛吧。后来汤若望的东西出来了，不是董小宛，是董鄂妃，而且是满族人，是顺治皇帝弟弟的老婆，是他的弟媳妇，顺治把他弟媳妇抢过来了。这是汤若望讲的，他讲的是真的。凌力写《少年天子》讲了这个事，有人怀疑，就是因为没有看汤若望日记。这是新资料，产生了新观点。"

2002年8月清史纂修工程启动之时，国家清史编纂委员会就在美、日、俄、英、德设立了五个海外工作站，搜集散落海外的文献档案资料。其间，编译组做的一件重要事情就是收集"莫理循文件"。莫理循文件成为国家清史编纂委员会锁定的重要目标之一。

莫理循（George Ernest Morrison，1862—1920）是出生于澳大利亚的苏格兰人，1897年到1912年曾任《泰晤士报》驻华首席记者，中华民国总统政治顾问（1912—1920）。他是一位与近代中国关系密切的旅行家及政治家。莫理循在 20 世纪头二十年的北京政坛与西方新闻界，都是最重要的"中国通"。1897 年 3 月，莫理循到达北京，就此开始他长达 20 余年的中国生涯。作为记者，他身历或亲见从戊戌变法、辛丑签约、清末新政、日俄战争、帝后之丧，直至辛亥革命的全部清末历史变迁。其在中国的名气，单从一件小事中足以看出：其所居的北京王府井大街，在 1949 年以前的英文名就叫作 "Morrison Street"。莫理循在中国生活了 20 余年，是中国近代史上许多重大事件的亲历者和参与者，他对中国的大量报道、通信与日记成为研究这一阶段中国历史的重要素材。莫理循总共收藏了 2.4 万册图书，110 种报刊，成为当时东亚规模最大的私人图书馆，被称为莫理循文库。莫理循留下的资料包括两大部分。一部分在日本。1917 年，莫理循把他的私人藏书以 3.5 万英镑卖给了日本三菱公司的岩崎久弥男爵，成为今天日本东洋文库的基础。另一部分在澳大利亚悉尼市米歇尔图书馆。莫理循去世后，他的妻子遵其遗愿将他的全部文件、信函、日记捐赠给澳大利亚悉尼市米歇尔图书馆，名为莫理循文件。

莫理循文件包括 255 个箱子、装订册和袋子，其中有很多超出人们想象的资料，例如当时的旅馆账单和流水账本。莫理循收藏的清末钞票中，有一张是 1906 年孙中山签名印发的，是为当时起义购置军火用的。莫理循收藏的中外人士名片，几乎囊括了当时所有的北京社交名流，大红帖子印刷的名刺，密密贴了两大本。莫理循文件中的图片，就有 39

册（盒）之多，其中的主体部分是几千帧老照片，大部分与中国有关。有些历史学家将莫理循文件与《永乐大典》和敦煌文书相提并论，足见其在中国学者心目中的地位。这些弥足珍贵的文献，自然成为国家清史编纂委员会关注的目标。

20世纪中期研究整理莫理循文件最著名的专家是澳大利亚国立大学远东历史系的骆惠敏夫妇。他们自1960年开始研究莫理循手稿，一做就是30多年。他们把米歇尔图书馆的莫理循手稿完整复制回来，一页一页辨读打印出来。他们还制作了数量巨大的卡片，对日记中涉及的各种人名、地名以及莫理循所陈述的事情一一做出注解。

起初，国家清史编纂委员会打算派两个专职人员去骆家拍照复制，并向骆惠敏夫妇支付一笔费用。但是，这种做法不切实际。莫理循文件数量繁多，不经过长时间的整理归纳，仅仅拍照很可能最后流于混乱。更何况对于海伦夫人来说，这些凝聚了他们夫妇毕生心血的研究成果是无价的，坚决不卖。

最后获得全部莫理循文件是一个巧合。骆惠敏和戴逸先生从20世纪80年代就成了好朋友，骆惠敏夫妇每次来华都到戴家拜访，由此，骆惠敏夫妇与戴寅也非常熟悉。

海伦告诉戴寅，她协助丈夫把米歇尔图书馆的莫理循手稿完整复制回来，并一页一页辨读打印出来。其间，骆惠敏曾向校方申请研究基金，未能获批。因此，他们夫妇完全依靠个人力量在进行莫理循研究。可惜，后来骆惠敏由于身体原因，这些凝结了他们30多年心血的研究成果，至今未能出版。

戴寅告诉海伦，中国国家清史编纂委员会有充足的资金和众多的专业人员，希望能够把骆惠敏教授的研究成果发表出来。

2004 年初，海伦做出了最终决定，把这些资料捐赠出来，提供给那些急迫需要并有能力使用它们的学者。是年 3 月，海伦签署了一份文件，把这些资料"给戴逸"。戴寅当时在国家清史编纂委员会编译组任职，承担了将莫理循文件转运到中国的重担。"莫理循文件"最终回到北京，这是国家清史编纂委员会做的一件大事，其意义不仅仅是将一批重要历史资料回归中国，更重要的是，莫理循文件是晚清历史的重要组成部分之一，它的回归，为以后的历史研究者们保存和提供了重要资源。

此类的案例还有很多，国家清史编纂委员会编译组在这方面做出了巨大贡献。

纂修清史的人选问题

如何搭建《清史》的架构在整个清史工程中非常重要，在全国范围内大规模组织编纂人员更是极为困难。清史纂修工程原计划聘请 200 人左右，后来增至 2000 人。预计费用是 7 亿，在 2003 年看起来，是一笔非常大的数额，可过了几年再看就显然不足了。

这里，可以比较一下 20 世纪初《清史稿》编纂的过程。1914 年，大总统袁世凯下令设置清史馆，聘赵尔巽为馆长。清史馆早期邀请学者 136 人，后来实际到馆工作的有 86 人，另外有 100 多执行人员。清史馆初定为每月预算十万银元，其中最高级人士月薪达六百元，后北洋政府财政困难，经费时有拖欠扣减，不能按时按额发放，只得向当时的军阀吴佩孚、张宗昌、张作霖等募捐，左支右绌，勉强维持。至 1928 年，北伐军将要打到北京，北洋政府朝不保夕。《清史稿》全书基本竣工，因为没经费了，便未经统阅修订，故名《清史稿》。

21 世纪开始的清史纂修工程预算充裕，但是缺人。写通纪缺人，写典志缺人，没有多少人能够承担纂修任务，做文献整理也需要人，但是，单单能够辨认草书的人就少之又少。在纂修工程中出现了人才断档的瓶颈。在全国范围内寻找合适的专家人才，戴逸先生更是煞费苦心。

为请季羡林开会，戴逸先生特地发函恳请：

> 久违芝仪，伏唯起居安泰，步履康宁，是所至寿。——仰恳拨冗光临，凯切指导，俾后学得获规矩，有所遵循，不胜感谢之至。⑪

在给著名历史学家、华东师范大学教授杨国强的信函中，先生说：

> 兹因《清史》启动，此为国家新世纪之标志性工程，必当延请才俊，成此事业。——其中同光时洋务自强一卷（约 40 万字，1864—1895 年，期限四年），尚缺人执笔，环顾宇内，阁下应推首选，甚盼能承担此责。——寸衷殷切，伏祈犀鉴。如肯拨冗参与，援手推挽，不胜感激。⑫

在给中国社会科学院历史学家陈祖武的信函中，先生说：

> 阁下致力经史，才富学醇，对清代学术极有心得。——今《清史》传记部分之类传《学术》一卷尚无人承担，阁下如俯允领此衔此卷，适与专业相合，未知肯屈就否？如能得阁下一诺，仆欢忭快慰，感谢无既。⑬

在给历史学家严云绶的信函中，先生说：

清史工程启动，蒙阁下承担《桐城派文献》项目，圭璋藏怀，智珠在握，必能胜任愉快。仆闻此讯，额手相庆，深喜得人。⑭

在给安徽省社科院专家程必定的信函中，先生说：

《清史》为国家标志性文化工程，需得各方英彦援手，共建此业。仆甚愿翁飞先生来京，参与编校，想先生春风雅量，必能俯允所请，乐助其成。⑮

此类信函非常多，从中可窥见先生求人若渴。为求一人才，甚至亲自拜访。

编纂清史的架构确定以后，具体立项就有 268 个。其中的问题之多，远远超出预期的想象。作为清史工程的总编纂，先生既要把握总体结构，又要细致入微到所有细节，组织协调各个环节，任何地方出现疏漏，都会影响到整体工程。2000 位专家组成的编纂队伍，分散在全国各地，如何调度，如何安排，如何追踪进度，每一个细节都非一般人可以想象的。

比如，在编纂过程中，势必会出现超期的问题。超期有各种各样的原因，如事先对项目计划考虑不周，研究进程中发现很多新问题、新资料，或者主持人得病，甚至去世，所有这些都是难以避免或不可抗拒的原因。还有项目管理不善，或主持人投入不够，诸如此类，不胜枚举。主持人怎样？梯队怎样？管理怎样？监督工作怎样？没有一件事不让人费心。

重要的是,清史工程不是商业行为,而是国家的学术行为,必须做到尊重学者。学者重视的是信用与声誉,而非金钱。

这是大的问题。小的问题更是多如繁星,举不胜举。比如,史表是一件细活,细到每一个字都不能出错。"对史表组来说,小毛病就是大毛病,错一个名,错一个年代,就会影响权威性,这是个细活,必须多次校对,多次核查。""如年代的写法,则例中规定'康熙二十五年''乾隆三十八年'其中'十'字省略,写成'康熙二五年''乾隆三八年',这是为了节省篇幅,既有此规定,便当严格执行。但有不少不按则例,有的省略,有的不省略。"戴逸先生甚至直接参与到编辑和校对工作中。

又如传记组。一共有 28 个项目,每个项目平均有 4 位专家,加上二级组,共有 100 多位专家,力量不可谓不雄厚,然而问题依然非常多。突出的问题是进度。进度与质量之间是互相联系的,质量又是一个永恒的主题,学术成果永远是质量第一,但是进度也十分重要,进度没完成,稿件写不出来,就谈不上质量。到了 2007 年,一些项目的进度一直跟不上,问题相当严重,戴逸先生忧心忡忡。

这还仅是人选问题。具体到如何筹划写作,则更是头绪万千。在2004 年夏天的一次会议中,先生说:"今天讨论传记的名单,名单里面人物很多,大概有 3000 人,我看了几天,晕头转向,犹如倾盆大雨。""这在世界历史著作中是独一无二的,哪一个国家的历史著作中有那么多人。"怎么写,用什么体裁写,每一个传记要写多少字,正传、附传、类传之间如何安排，都是问题。

再说图录组。问题同样很多。图录组设了 11 个项目，请来 11 位专家，但是工作离不开数据库，必须来上班。而那 11 位专家大多在其他单位工作，怎么可能按照规定到编委会数据库上班？还有一些专家住在外地，一些已经 70 多岁，他们并非都能上网工作。再有，图录组中有的专家聘请了助手，最多的有 4 个助手，而每个项目只发一位专家的津贴，助手的薪酬怎么办？助手工作的电脑和空间又怎么办？

一个项目超期，会引起其他问题，也会影响其他项目，互相效仿，互相影响，产生多米诺骨牌效应，说得危言耸听一点，整个清史工程会你拖我延，出现雪崩之势。整个编纂计划是十年时间，而到了四年之际，已经有很多项目跟不上了，这就直接影响到经费问题。先生听到超期达到 50% 以上的时候，"心中感到很沉重，食不甘味，寝不安枕"。那一年，先生已届 80 高龄。

失去夫人是最大的打击

近2000位专家参与的国家清史纂修工程，2002年启动，到2017年，两大工程基本结束，其中的主体工程就有3000多万字，这个数字接近过去二十四史的总和。另外一部分档案文献整理工作更是有几十亿字之多。以前人们所知的二十四史，现在，因为新清史的即将问世而变成二十五史。在这个过程中，戴逸先生将全部精力投入清史纂修之中，"几乎摒弃其他书籍于不观，谢绝其他文章而不作，集中精力，专骛清史，专写清史"。对于一位80多岁的老人来说，这几乎是一件不可想象的工作。其中事务性的工作，大大小小的会议，犹如海之浪潮一波又一波，没完没了，家里的电话永远占线，进出的人络绎不绝。这些年来，每次见到先生，谈论的话题只有一个：清史。大到清史编纂的架构中出现的问题，小到编纂过程中出现的人事纠纷、资金配用、文体统一、图录选则，没完没了。

在这期间，对先生唯一的一次打击是夫人的去世。刘炎阿姨是中国人民大学哲学系的教授，她伴随戴逸先生60多年，形影不离，照料先生的生活起居，家中所有往来客人都是她在照应。戴寅说："小时候，我们家在西城区的兴隆大院里，每隔几天，看见炉子上有砂锅在炖肉，闻到香味，看见家里人在打扫卫生，就知道父亲要回来了。而每次父亲回家，经常会带回一竹篓橘子，因为我母亲爱吃橘子，也有风车和里面装彩色糖果的汽车形玻璃瓶子，是给我的。"几十年以后，在红楼里聚会聊天，戴寅回忆以前的日子时说："父母在一起的时候，也是家里最热闹的时候，所有人都聚集在一起聊天，吃饭的时候聊，下棋的时候聊，晚上睡觉前还是聊，聊天是家中一景。"在我的记忆中，幼年时期，我几乎天天在戴寅家玩，也参与了他们家的聊天。那种聊天可不是什么家长里短、鸡毛蒜皮的小事，而是古今中外、天文地理，那些聊天内容成为我们小时候启蒙教育的一部分。

"父母有很多学生，学生们经常到家里来，来了赶上什么吃什么，所以都很熟。有些学生来自农村，家里生活有困难，父母就给学生家里寄衣服和粮票什么的。我想，'文革'的时候他们没太挨打可能跟这个有关系。"⑯在我的印象中，无论进出，刘炎阿姨永远与先生在一起。退休以后，刘炎阿姨更是一心照料先生的起居。记得二十多年前一次在红楼里，先生对我说："家里的一切，我都听你阿姨的。"他们相伴到老，相依相守，他们让彼此成了唯一，余生是你，相濡以沫。老伴的离去，对于先生而言，那真可说是痛彻心扉、无奈绝望。刘炎阿姨去世以后，我去"铁一号"西小院看先生时，望门却步，不知道见到先生时应该说什么，不知道要如何安慰先生，第一句话要怎么讲。戴寅在旁边也是一脸悲戚，他自己也还没有从丧母之痛中走出。站在红门前，戴寅说，放开你的感情，不要束缚自己。

轻轻推开门，小院中静悄悄，先生孤零零坐在树下，一边陪伴的是戴玮和戴珂的孩子。先生抬头看到我，话未启，泪已流。我上前一把抓住先生的手，控制不住，顾不得旁边的孩子们，一起落泪。先生嘶哑着声音说："以前你来，都是我和你阿姨两人一起招待你，现在唯剩我一人，这可怎么是好呀！"先生一生中经历过多少大风大浪，都没有被打垮，唯独此时，悲情之泪令人痛彻心扉。

踏入西小院之前，戴寅在红楼书房里告诉我，他真正担心的是老爷子能不能挺过来。那些日子中，他家里的所有人都聚集在老人身边陪伴，想尽办法劝慰。而到午夜之际，老人经常从梦中惊醒，手拍床沿，呼唤着"刘炎，刘炎"。

什么事情能够让先生走出丧妻之痛？还是清史。月余之后，先生又重新开始工作，此时清史编纂已经接近尾声了。

2016年，刚上任的编委会办公室主任崔建飞在《仰之弥高，钻之弥坚——记我所景仰的戴老》（《传记文学》2008年第9期）一文中说：

> 史载《资治通鉴》从发起凡例至删削定稿，司马光都亲自动笔，不假他人之手，而戴老之于新修清史书稿，堪与司马光比肩。
>
> …………
>
> 戴老多次主持《清史编纂总则例》的讨论修订，细抠到每一条注释，乃至每一组数字和标点符号的写法。通纪、典志、传记、

史表、图录各卷标题各设多少层级？由于文出众手，书稿历经一审、二审、三审和通稿多次修改，如何防止"有目无文"或"有文无目"，达到标题与正文的契合？如何避免清代歧视少数民族的名称用字？如何处理基本的清代纪年标注和公元纪年的适当括注的关系？哪些地方用汉语数字，哪些地方用阿拉伯数字？——这些问题林林总总，戴老都一一过问。而他对书稿内容的把关修改，更是不厌其烦，不厌其严与精。有的章节他亲自修改了多遍。一些重大问题，比如晚清以降中国近代工业的发展和无产阶级的产生，他亲自补写了一万多字。

无止无休的工作，对于一位 90 多岁高龄的老人而言，简直是一种煎熬，先生却甘之如饴。即使是在医院病房里，先生仍然在工作，动不动就叫戴寅去找书，去联系人，去办事。我对戴寅说："能不能劝劝老爷子别这么干。"

"劝？"戴寅摇摇头，"没法劝！劝多了，老爷子会着急。"

是，没法劝。我也劝过多次，每次劝的时候，先生总是从书桌上抽出一卷待改本，其中贴满了各种颜色的纸条，打开来放在我面前："这些问题都要解决，都要讨论，都要改写，做不完，怎么休息？"

每次走进西小院，看到窗下先生埋头工作的情景，唯一的感觉是，先生在与时间赛跑。这可是一位 90 多岁的老人呀。从小到大，数十年间，我所见先生的书桌上永远都是书，现在更是有许多夹贴了数不清的各种颜色的纸条的书稿，还有一沓沓的信函。如果说现在与过去的红楼书房有什么不同，就是房间太小，书根本放不下，就一摞摞地摆放在门边，还有就是书桌上多了一台血压器，书架上多了一排药瓶，靠门的地方多了几根拐杖。先生的所有精神与体魄早已深深融入这个文化工程之中。编纂清史的整个过程中，先生都是战战兢兢、如履薄冰。行百里者半九十，到了最后收尾阶段，先生的工作更是专心致志、废寝忘食。古之司马迁、司马光倾一生之力治史的了不起的精神在 21 世纪通过戴逸而再现。

这种精神，其实就如同先生多次提到过的中国古代春秋时期的干将莫邪夫妇一样。他们为楚王铸剑，因为火候不够，莫邪竟然跳入火中，以身助火，炼成一对举世无双的夫妻剑。这究竟是一种什么样的情操！对于先生来说，编纂一部高质量的清史，就是他的"理念之归宿，精神之依托，生命之安宅"。

一位记者采访先生时，问道："您怎么看待清史工程？"

先生回答：

> 清史研究是我的工作、专业与职责，我刻志自励，以至诚之心力求敬业，用探索精神去追求未知，用怀疑精神去发现问题，用勤奋精神去搜寻资料，用科学精神去分析疑难，用理性精神去阐释历史，在客观历史千变万化的运动发展中寻求其规律，真实地、清晰地揭示历史的真相。司马迁说"究天人之际，通古今之变，成一家之言"，我材质驽钝，难期高明，虽不能至，而心向往之。

书架上的 105 册《清史》样书

2018 年秋天，走进西小院看望先生时，书房旁边的小屋里多了一个书架，上面摆满了刚送来的《清史》样书，一共 105 册。国家清史纂修工程大体告成。我问先生："可以休息一阵子了吧？"

先生摇摇头："还要复查，校对。"

"不是说已经读三遍了？"

"还要再做一遍。"

我很好奇，清史纂修工程结束以后，先生还有什么新的计划。

先生说，他一直想写一部"新三国"，研究两百年前的中国、俄国、美国的历史走向，这是在二十五年前就计划要写的，只是因为清史纂修工程而搁置下来。"你们看看，中国、俄国、美国在 18 世纪的世界历史上都占有重要地位，两百年以后的今天同样如此。两百年前，这三个国家还没有太多实质上的接触，而今天，这三个国家之间的关系直接影响到整个世界的走向。"

"在《18 世纪的中国与世界》一书中，您已经提到过这一问题。"

我说。

"是，这个问题在当今更显示出它的重要性。在今天的世界中，全球化列车已经离开站台很久了，全球化已经成为世界主流思维的定义。在这种格局中，如何承接过去历史遗留下的遗产，对今天的人而言是一个重要课题。这将直接影响到未来两百年的世界走向。"

先生 90 多岁高龄时身体仍然健康，可能与先生永远保持着一颗赤子之心有关，还与一直不断的工作、开阔的心胸、豁达的心境、遗传基因都有关系。

最近有一篇文章说："如今清史工程已经接近尾声，预计今年正式出版，中国的二十四史即将变成二十五史。一生只做一件事，戴逸的一生是修史的一生。在全世界诸多文明中，中华文明是唯一一个从古到今从未断绝、至今仍在延续的文明，中华文明之所以贯穿几千年从未断绝，一个重要原因就是从古到今不曾断绝的历史，历史让我们知道我们从哪里来，要到哪里去。我们要感谢司马迁、班固、戴逸等千千万万个修史的人。"

在中国历史上，杰出的历史学家，一百年出不了几个。司马迁死后一百多年，出现了班固；班固死后几十年，出现了荀悦；又过了几十年，出现了陈寿。11 世纪有欧阳修、司马光、刘恕、刘攽、范祖禹，12 世纪有郑樵，13 世纪有王应麟、胡三省、马端临。18 世纪比较多，有赵翼、钱大昕、王鸣盛、全祖望、章学诚等。20 世纪的历史学家就更多了。更重要的是，在 20 世纪前期，传统史学完成了向近代史学的过渡，历史观、方法论、著述的体例和文字都产生了根本的变化。

评价 21 世纪出版的新《清史》，不是我们现在的人能够做的事，这部书要经过几百年时间的沉淀，由后人评说。唯有一点可以肯定，戴逸先生及其团队对中国历史文化的传承、发展付出了极大的心血。

去年秋天，在西小院内圆桌旁的一次谈话中，先生对戴寅、戴琛和我说：文化是一个民族赖以生存延续的根本，中国的二十四史更是中国文化的重中之重。

我问先生："90 多岁高龄还在工作，您这一生快乐吗？"先生说："当然，我做了自己一生一世想要做的事情，而且做成功了，我当然快乐。"

当今社会，在一般人无止境的物质欲望追求中，究竟还有多少人能够在青灯黄卷、皓首穷经中寻找快乐！

"快乐"，它在人生中的定义是什么？

我静静坐在先生对面的椅子上，扭头看着这一间不足十平方米的屋子。窗外的阳光洒在靠窗的书桌上，书桌左边是两个书柜，书柜里摆放着书籍和先生每天要吃的药。靠门的地方是张小床，那是一张最普通不过的床。除了书桌、床、两把椅子，这里几无更多空间。在北京的居住环境中，这里是最一般的民居。

这里是先生平时工作、休息的地方，也是会客之处。我再看一遍先生住的地方，这里没有任何奢侈之物，床、桌子、椅子都是市面上可以看到的最一般的家具，外面会客与进餐的两用小厅墙上的漆已经剥落。

这里完全没有人们想象中的气派，有的只有书、文件、稿子。所有这些展示给人的只是一位长者宁静、谦和、简单的生活写照。先生的生活，按照戴寅的话说，"很随性"。吃随性，有什么吃什么；穿随性，有什么穿什么；住随性，不求奢侈，只需宁静。

每次到西小院，我都喜欢在屋子里转几圈，试图找些新鲜的东西，却永远找不到，这里的一切都太平凡了。当我去年秋天看到刚刚送来的105册《清史》样书的时候，才骤然感到，这里聚集的巨大财富恐怕是外面所有人都没有的。

2011年去世的苹果公司创建人乔布斯在其晚年说，他愿意以其一生创造的财富换取与古代希腊哲学家苏格拉底交谈一个下午的机会。这句话的意思是：当一个人在其庞大事业走到高峰之际，他内心所寻求的是更进一步探索人类的精神文化。中国目前的状况又何尝不是如此。当国力大幅度提升以后，整个民族需要的是更高层次的理性探索，提升中国的文化内涵，建筑文化产业。

21世纪初的清史纂修工程也恰恰是在这种背景中产生的，其重要性则可能需要过几百年才能够看到。而戴逸先生正是中国百年来这一大型历史文化工程的灵魂人物。

"勤于我的事业，忠于我的事业"

还是凌晨三点钟，我仍然枯坐灯前，电脑文案中只记录下先生与记者的一段对话：

一位记者采访先生时，问道："您怎么评价自己？"

先生回答："我是个很一般的人，不是什么大家，成绩也很有限。但是我的特点是勤奋，勤于我的事业，忠于我的事业。勤奋是个很苦的事情，这就意味着有很多娱乐活动不能参加。但当你有所得的时候，你也一样会非常高兴。"

敲完最后几个字，五十年红楼影像瞬间掠过，孤对屋梁落月，铅华渐散，迷茫之中，脑海里唯能浮起的只有 14 个字："千载都说寒山寺，山长水阔见红楼。"

注释

① 成崇德：《启动清史编纂二三事——忆戴逸先生》，《传记文学》2018 年第 9 期，第 14 页。

② 王艳坤：《戴逸：情系清史》，《东北史地》2011 年第 2 期。

③《元史》总编纂名义上是脱脱，实际上是元代著名史学家欧阳玄，他为修史确定了大体方针，拟定了编修凡例等，对《元史》贡献最大。

④ 康熙十八年（1679 年），以徐元文为监修，开始纂修明史。乾隆四年（1739 年），张廷玉最后定稿，进呈刊刻。《明史》从开馆至最后定稿刊刻，前后经过九十多年，是中国历史上官修史书历时最长的一部。史评家赵翼在《廿二史札记》中，将辽、宋、金、元诸史和《明史》做了比较，认为"未有如《明史》之完善者"。

⑤ 委员会有郭影秋、尹达、关山复、刘大年、佟冬、刘导生、戴逸七人。

⑥ 戴逸：《戴逸自选集》，第 425 页。

⑦ 戴逸：《〈清史稿〉的纂修及其缺陷》，《清史研究》2002 年第 1 期。

⑧ 具体内容见《戴逸自选集》，第 463 页。

⑨ 编译组筹划出版了 160 种书。

⑩ 戴逸：《涓水集》，第 244-245 页。

⑪ 戴逸：《涓水集》，第 265 页。

⑫ 戴逸：《涓水集》，第 275 页。

⑬ 戴逸：《涓水集》，第 276 页。

⑭ 戴逸：《涓水集》，第 303 页。

⑮ 戴逸：《涓水集》，第 332 页。

⑯ 戴寅：《家中印象》，《传记文学》2018 年第 9 期，第 28 页。

参考书目

北京师范大学清史研究小组:《一六八九年的中俄尼布楚条约》,人民出版社,1977 年。

戴逸:《经史札记》,中国人民大学出版社,2016 年。

戴逸:《18 世纪的中国与世界》,辽海出版社,1999 年。

戴逸:《戴逸自选集》,中国人民大学出版社,2007 年。

戴逸:《乾隆帝及其时代》,中国人民大学出版社,2007 年。

戴逸:《中国近代史稿》,中国人民大学出版社,2008 年。

戴逸:《简明清史》,中国人民大学出版社,2018 年。

戴逸:《清史寻踪》,北京出版社,2017 年。

戴逸:《清代人物研究》,故宫出版社,2013 年。

戴逸:《涓水集》,北京出版社,2009 年。

戴逸:《清史编务》,中国人民大学出版社,2018 年。

约瑟夫·塞比斯:《耶稣会士徐日升关于中俄尼布楚谈判的日记》,王立人译,商务印书馆,1973 年。

《张诚日记》,商务印书馆,1973 年。

魏源:《圣武记》,中华书局,1984 年。

温达:《亲征平定朔漠方略》。

《清圣祖仁皇帝实录》。

后　记

　　清晨六点钟，我在健身房的跑步机上快步行走。在这个时间点上，健身房里很安静，偌大空间中只有几个人影在各种机器上晃动。健身房中的灯光很柔和，以至于让人在运动中仿佛置身于幻境之中。在来健身房前，大约是在凌晨四点钟的时候，刚刚将戴逸先生在初春之际花了三个小时详细讲述《18世纪的中国与世界》的谈话形成文字，传给了戴寅、戴琛。这是我一生中写得最困难的一篇文字，行文有如爬山，有如下海，字字艰辛，句句为难。按照先生的讲述，这篇文字说的是历史，讲的是清朝故事，其中的要点是，指出两百多年前世界上最重要的三个国家中国、俄国与美国在18世纪世界历史中的地位。两百多年后的今天，这三个国家的互动仍然影响到整个世界的格局。那么，从今天起再两百年以后呢？

　　脚下的跑步机速度加快，这是我预先设置好的，跑步的速度随之加快，眼前电视上持续传出主播极有磁性的声音，那声音刺激着我神经中的每一个末梢，让我产生幻觉，脑海中的画面回到几十年前。人类的习性是永远在预测未来，而事实上人类连明天要发生的事情都无法预测。不过，有一点可以肯定，历史中的至暗时刻，其实也孕育着未来的灿烂光芒。

林健

2018 年 9 月初稿

2019 年 10 月二稿

2023 年 12 月定稿

图书在版编目（CIP）数据

岁华谈笺录："铁一号"红楼与戴逸先生 / 林健著．
-- 北京：中国人民大学出版社，2024.3
ISBN 978-7-300-32624-5

Ⅰ. ①岁… Ⅱ. ①林… Ⅲ. ①戴逸（1926-2024）—
人物研究 Ⅳ. ① K825.81

中国国家版本馆 CIP 数据核字（2024）第 061728 号

岁华谈笺录

"铁一号"红楼与戴逸先生

林健 著

Suihua Tanjian Lu

出版发行	中国人民大学出版社	
社　　址	北京中关村大街 31 号	**邮政编码**　100080
电　　话	010-62511242（总编室）	010-62511770（质管部）
	010-82501766（邮购部）	010-62514148（门市部）
	010-62515195（发行公司）	010-62515275（盗版举报）
网　　址	http://www.crup.com.cn	
经　　销	新华书店	
印　　刷	北京联兴盛业印刷股份有限公司	
开　　本	890 mm × 1240 mm　1/32	**版　　次**　2024 年 3 月第 1 版
印　　张	9.375 插页 4	**印　　次**　2024 年 3 月第 1 次印刷
字　　数	183 000	**定　　价**　79.00 元